대구의 나무로 읽는 역사와 생태 인문학

대구의 나무로 읽는 역사와 생태 인문학

초판발행 | 2024년 11월 28일

지은이 | 이종민
펴낸이 | 신중현
펴낸곳 | 도서출판학이사

출판등록 : 제25100-2005-28호
주   소 : 대구광역시 달서구 문화회관11안길 22-1(장동)
전   화 : (053) 554-3431, 3432
팩   스 : (053) 554-3433
홈페이지 : http://www.학이사.kr
이 메 일 : hes3431@naver.com

ISBN _ 979-11-5854-549-9   03090

이 책은 '대구 특화 출판산업 육성지원 사업'에 선정·지원 받아 제작되었습니다.

대구의 나무로 읽는
역사와
생태 인문학

이종민 글/사진

學而思 | 학이사

농촌에서 태어나고 자란 덕분에 자연 속에서 날마다 나무를 보면서 생활했다. 마당에 있는 감나무를 보고 등하굣길 동네를 나서면 어귀의 수백 년 묵은 느티나무, 팽나무와 아름드리 소나무, 이름을 제대로 알지 못해 잡목으로 부르던 나무가 고향을 생각할 때마다 머릿속에 함께 떠오르는 풍경이다. 봄에는 친구들과 참꽃을 따먹고 여름에는 소 풀 먹이러 산에 올라가 가끔 시큼한 이스라지나 도깨비들이 놀랐다는 전설의 고소한 개암도 따고, 가을엔 밤나무 아래서 알밤을 줍는 등 어릴 적부터 나무와 친할 수밖에 없었다.

도시에서 직장생활을 하면서도 아파트 베란다에 꽃과 나무를 키우고 종종 등산을 가면서 철 따라 달라지는 나무의 모습을 재대로 살펴볼 수 있었다. 그러던 어느 날 문득 어릴 때 무심하게 보았던 나무가 역사의 현장에서 그 자리를 지키고 있었음을 알게 됐다. 예컨

대 필자의 고향인 경북 포항시 청하면의 행정복지센터 마당에는 수령 300년을 넘는 회화나무가 있는데 조선 후기 청하현감으로 부임한 화가 겸재(謙齋) 정선(鄭敾, 1676~1759)이 그린 〈청하성읍도〉에도 등장한다는 사실을 알고 주위에 있는 노거수가 삶과 멀리 떨어진 세계가 아닌 생활 속의 일부임을 깨달았다. 이후 대구·경북의 노거수와 정원수 그리고 보호수로 지정된 나무들을 탐독하기 시작했다. 사찰, 서원, 향교, 재실, 종택 등 사람이 기거하는 지역뿐만 아니라 깊은 산골이나 벌판에 서있는 나무를 보면서 자연의 위대한 이치를 느낄 수 있었고, 선인들의 전설과 설화를 듣게 되었다. 유서 깊은 대구에는 역사적으로 훌륭한 인물을 기리기 위해 그분들의 이름을 붙인 나무가 많다. 중구 달성공원의 서침나무, 대구제일교회의 현제명나무, 중구 종로초등학교의 최제우나무, 동구 옻골의 최동집나무, 중구 천주교대구대교구청의 타케나무 등이 좋은 예다. 그뿐만 아니라 무열대에는 무열수라는 수백 년 된 모과나무 노거수도 있다.

이런 빼어난 노거수 이야기는 몇몇 사람들에게 회자될 뿐 아쉽게도 시민들에게 널리 알려지지 않아서 안타까웠다. 이에 대구에 역사성을 간직한 나무를 중심으로 그 나무에 담긴 역사와 이야기를 살펴보고 우리 고장의 자긍심을 높이는 데 기여하고자 책을 펴낸다. 독자들의 이해를 돕기 위해 경상북도에 있는 같은 종의 노거수나 유명한 나무 이야기도 적었다.

내용은 계절의 흐름에 따라 네 가지 주제로 분류했다. 먼저 백화경염(百花競艷)의 계절인 봄을 '뭇 꽃들 경쟁'이라는 주제로 묶어 나무에 핀 꽃들에 얽힌 신화와 전설의 세계로 안내한다.

두 번째 주제는 여름 '신록의 잔치'로 정했다. 무성하게 푸른 잎은 수목이 왕성하게 생장하고 있음을 나타낸다. 이글이글 내리쬐는 땡볕 아래 예쁜 꽃과 싱그러운 잎사귀는 눈을 호강시키고, 봄에 핀 꽃들이 결실을 보여 입맛을 살려주는 철이다. 한창 커가는 나무의 화양연화(花樣年華) 세계를 다뤘다.

세 번째 주제는 가을의 '화려한 결실'에 초점을 맞췄다. 과수의 맛있는 열매는 나무의 종족보전을 위한 자연의 섭리다. 과일에 담긴 역사적 의미와 인간의 본능을 살폈다. 겨울을 채비하는 나무들의 막바지 정염인 감홍난자(酣紅爛紫) 단풍과 추풍낙엽을 즐긴 선비들의 노래도 담았다.

마지막 네 번째 주제는 겨울 '홀로 선 나무'로 정했다. 추위에도 푸름을 잃지 않는 '독야청청'의 상록수는 예로부터 절개와 지조의 정신적 상징이다.

부록으로 조선시대 꽃과 나무에 관한 책인 강희안(姜希顔, 1417~1464)의『양화소록』중「화목구품」과 유박(柳璞, 1730~1787)의『화암수록』에서 꽃과 나무를 9등품으로 분류한「화암구등」,「화개월령」을 일목요연한 표로 정리해 실었다.

조선 정조 때 문장가 자저(自著) 유한준(俞漢雋, 1732~1811)이 당대 수집가인 김광국(金光國)의 화첩『석농화원(石農畵苑)』의 발문에 "사랑하면 알게 되고 알게 되면 보게 되고 보면 모으게 되는데 그렇게 모으는 건 그저 쌓아두는 게 아니다.(知則爲眞愛 愛則爲眞看 看則畜之而非徒畜也)"라는 명문장에서 '아는 만큼 보인다'라는 말이 나왔다. 나무를 사랑하기 위해서는 먼저 나무에 대해서 잘 알아야 한다. 10여 년 동안 산골과 도심을 두루 다니며 나무가 있는 곳을 찾아 관찰하고 계절마다 사진도 부지런히 찍고 모았다.

6

시중에 나온 나무에 관한 책을 보면 식물학이나 조경학 등 학문 중심이거나 아니면 철학적이거나 관념적인 내용이 많아서 이해하기가 힘들다는 이야기를 들어온 터라 내용을 보다 쉽고 재미있게 쓰려고 노력했다. 그래도 미진한 부분이 있다면 전적으로 필자의 불찰이요 불민한 탓이다.

책을 펴내는데 많은 이의 도움이 컸다. 졸고의 출판을 맡아 편집과 교정을 봐주신 학이사 신중현 대표님을 비롯한 직원들께 감사의 말씀을 드린다. 울진, 봉화, 울릉도 등지의 나무탐독 여행에 아무 말 없이 기꺼이 동행한 아내에게도 고마움을 느낀다.

인생 후반기의 플랜B를 나무에 관한 글을 쓰는 나무 글쟁이로 거듭나게 물꼬를 터준 매체가 나의 30년 일터 매일신문이다. 매일신문사의 이동관 사장을 비롯한 이춘수 편집국장, 직접 원고를 챙기는 이채근 부국장, 편집을 담당한 공은혜 차장, 교정을 담당해 온 예주희, 황명순 여사께도 이번 기회에 감사를 드린다.

2024년 가을에
이종민

차례

책을 펴내며/ 4

1부 / 봄 春
백화경염 百花競艶 - 뭇 꽃들 경쟁

매화나무 | 선비의 절개   12

산수유나무 | 임금님 귀는 당나귀 귀   30

벚나무 | 낙화도 아름답다   44

라일락나무 | 첫사랑의 달달한 향기   56

이팝나무 | 쌀밥에 고깃국 그리다   70

아까시나무 | 아카시아가 아닙니다   82

2부 / 여름 夏
화양연화 花樣年華 - 신록의 잔치

뽕나무 | 인류에게 비단 선물   98

배롱나무 | 화무십일홍이 무색하다   112

능소화나무 | 땡볕에 고고한 양반꽃   124

회화나무 | 사대부가 정원수   136

느티나무 | 천 년을 꿈꾸는 장수목   148

3부 / 가을 秋
감홍난자 酣紅爛紫 – 화려한 결실

사과나무 | 역사를 뒤흔든 과일   162

모과나무 | 못생긴 열매, 못 잊을 향   178

탱자나무 | 가성비 좋은 울타리   190

벽오동 | 봉황을 기다리며   202

은행나무 | 행단의 살아있는 화석   212

4부 / 겨울 冬
독야청정 獨也靑靑 – 홀로 선 나무

대나무 | 사람이나 나무나 올곧게   226

잣나무 | 늙은 나무도 동량 된다   242

전나무 | 큰 절 호위 무사   254

측백나무 | 수천만 년 전 터줏대감   266

호랑가시나무 | 빨간 열매의 강한 존재감   282

봄春

백화경염 百花競艶

뭇 꽃들 경쟁

겨울冬

독야청정 獨也青青

홀로 선 나무

여름夏

화양연화 花樣年華

신록의 잔치

가을秋

감홍난자 酣紅爛紫

화려한 결실

매화나무

선비의 절개

백매
대구 달성군 인흥마을(2022. 3.)

까마득한 날에
하늘이 처음 열리고
어디 닭 우는 소리 들렸으랴

모든 산맥들이
바다를 연모해 휘달릴 때도
차마 이곳은 범하진 못하였으리라

끊임없는 광음을
부지런한 계절이 피어선 지고
큰 강물이 비로소 길을 열었다

지금 눈 내리고
매화 향기 홀로 아득하니
내 여기 가난한 노래의 씨를 뿌려라

수양매의 다른 이름은 처진매화나무다. 가지가 수양버들처럼 땅으로 처져 있다.
대구수목원(2020. 3.)

다시 천고의 뒤에
백마 타고 오는 초인이 있어
이 광야에서 목놓아 부르게 하리라

일제의 국권 침탈로 암울했던 시절 나라의 독립과 민족의 자유를 염원한 민족시인 이육사(1904~1944)의 시 「광야」다. '지금 눈 내리고' 있는 혹독한 시기에 북풍이 매섭게 불어도 청아한 꽃에서 맑은 향기를 은은하게 내는 매화에는 불굴의 정신과 조국 광복의 희망이 담겨져 있다.

매화는 매실나무의 꽃이다. 꽃을 보기 위해 가꾸면 매화나무, 열매를 수확하기 위해 키우면 매실나무로 부른다. 국어사전에는 모두 표준어로 인정하고 있다.

매화는 농염보다 냉염의 꽃

'매화는 한평생 춥게 살아도 향기를 팔지 않는다'는 梅一生寒不
賣香(매일생한불매향)은 1, 2월에 피는 설중매를 보면 실감할 수
있다. 한겨울 음력 섣달에 피는 꽃은 봄의 전령으로 여겼고 이는
추위에도 굴하지 않는 기품 있는 선비의 절개로 생각했다.

매화는 눈과 같고 눈 또한 매화 같아라	梅花如雪雪如梅
흰 눈이 내린 곳에 매화가 한창 피었네	白雪前頭梅正開
하늘과 땅 사이 맑은 기운 일색이니	如是乾坤一淸氣
모름지기 눈을 밟고 매화를 구경하겠네	也須踏雪看花來
	-『사가시집』 제1권

조선시대 문장가 서거정(徐居正, 1420~1488)의 문집『사가집』
의「윤홍주의 '매화시'에 차운하고 겸하여 오군자에게 적어 보내
다」라는 제목의 시는 눈 내리는 날에 핀 설중매를 읊고 있다.

선비들이 매화를 사랑하고 노래한 까닭은 무엇일까? 매화는 고
상하고 아담하여 속기(俗氣)가 없고 추위 속에 꽃을 피워 더욱 아
름답게 보이며 그윽한 골짜기 사이에 숨어 있으면서 향기가 뛰어
나고 격조가 높으며 운치가 남다르다. 또 뼈대는 앙상하지만 정신
이 맑고 내리는 눈 속에서도 활짝 피는 곧은 마음을 유지하기 때
문이기도 하다.

육감적으로 아름다운 요염(妖艶)이나 모란꽃처럼 한창 무르익
은 농염(濃艶)이 아니라 차갑게 아름다운 냉염(冷艶)의 꽃이기 때
문에 선비들은 눈밭 속의 매화를 사랑했고 꽃을 찾아 나서는 심매

(尋梅)나 탐매(探梅)를 마다하지 않았다.

또 매화는 심한 추위의 고통을 겪어야 기개가 나타난다는 '梅經寒苦發淸香(매경한고발청향)', 사람은 역경을 만나서야 그 절개를 드러낸다는 '人逢艱難顯氣節(인봉간난현기절)'의 글귀와 함께 세한삼우(歲寒三友)나 문인화의 사군자에 꼽힐 정도로, 옛 선비들은 이 꽃에 남다른 애착을 보였다.

조선시대 최초의 원예서를 쓴 강희안(姜希顔, 1418~1464)은 『양화소록』의 「매화」 첫머리에 송나라 때 시문(詩文)에 뛰어난 범석호의 『매보(梅譜)』에서 말을 따와 "매화는 천하의 으뜸가는 꽃이라. 지우현불초(智愚賢不肖)를 불문하고 다른 말을 하는 사람은 없다."고 단언했다.

매화를 사랑해 매농이라 자처했던 선비 유박이 쓴 화훼서 『화암수록』에는 「화목구등품제」가 실려 있는데 매화를 국화, 소나무, 연꽃, 대나무와 함께 최고 등급인 1등에 올려놨다. 「화목28우」에서는 춘매(春梅)를 고우(古友), 즉 오랜 친구라고 하며 깊은 애정을 표현했고 「화품평론」에서는 "강산의 정신이요, 태고의 면목이다."고 평했다.

퇴계(退溪) 선생의 매화 시

퇴계 이황(李滉, 1501~1570)은 누구보다 매화를 사랑해서 매형(梅兄)으로 의인화하여 부르고 아꼈을 뿐만 아니라 생의 마지막에 매화나무에 물을 주라는 유언을 남겼다. 또 매화에 관한 시와

설중매는 눈 속에 핀 매화를 일컫는다.
대구 달성군 인흥마을(2022. 3.) ⓒ 이채근

많은 일화를 남겼다.

　소박하면서도 요염하지 않고, 향기가 멀리 떨어질수록 더 맑아지는 매화의 품성이 혼탁한 세상을 멀리하여 번화한 것을 마다하고 산림에 거처하는 퇴계의 성품과 잘 맞았기 때문이리라. 퇴계가 손수 선별해 별책으로 엮은 시집인 『매화시첩(梅花詩帖)』에는 중년 이후부터 70세에 타계할 때까지 쓴 그의 매화시 100여 수(首) 가운데 62제(題) 91수가 수록돼 있다.

　다음은 퇴계가 지은 「도산의 달밤에 매화를 읊다(陶山月夜詠梅)」 여섯 수 가운데 세 수다.

　　홀로 산창에 기대니 밤기운 차가운데　　　　　　獨倚山窓夜色寒
　　매화나무 가지 끝에 둥근 달이 걸렸구나　　　　梅梢月上正圓圓
　　구태여 산들바람 불러서 무엇 하리　　　　　　　不須更喚微風至
　　맑은 향기 저절로 뜰 앞에 가득 차네　　　　　　自有淸香滿院間

뜰을 거니니 달이 사람을 쫓아오네	步屧中庭月趁人
매화 언저리를 몇 번이나 돌았던고	梅邊行遶幾回巡
밤 깊도록 오래 앉아 일어날 줄을 잊더니	夜深坐久渾忘起
옷 가득 향기 스미고 그림자 몸에 닿네	香滿衣巾影滿身
늦게 피는 매화의 참뜻을 다시 알았으니	晚發梅兄更識眞
아마 내가 추운 때를 겁내는 줄 알았구나	故應知我怯寒辰
애석하다 이날 밤 내 병을 낫는다면	可憐此夜宜蘇病
밤새도록 달과 함께 놀 수 있을 텐데	能作終宵對月人

퇴계가 매화를 끔찍하게 사랑한 까닭은 매화의 고고한 선비적 풍모를 경외한 연유와 더불어 관기(官妓) 두향(杜香)과의 애절한 인연 때문이기도 하다.

첫 부인에 이어 둘째 부인과 사별한 뒤 아들까지 잃은 참척(慘慽)의 슬픔을 겪고 단양군수로 부임하면서 두향을 만났다. 두향의 신분은 비록 관기였으나 거문고와 시서화에 능했고 매화를 좋아하며 분매(盆梅) 솜씨가 좋았다. 당시 두향은 방년 열여덟 살이었고 퇴계와는 30년 정도 나이 차이가 있었지만 스승과 제자 또는 연인처럼 신분과 세대 차이를 뛰어넘어 정을 나누었다. 그러나 형 이해가 충청도 관찰사로 부임하는 바람에 상피제(相避制)에 따라 9개월 만에 퇴계가 풍기군수로 가면서 헤어졌다. 떠나는 퇴계의 짐 꾸러미 속에는 두향의 마음이 담긴 선물 매화분이 들어 있었다.

퇴계가 떠난 후 두향은 기적(妓籍)에서 삭제돼 자유로운 몸이 됐다. 퇴계와 함께 자주 찾았던 남한강가에 움막을 짓고 일편단심

으로 살았던 두향은 퇴계의 부고를 듣자 강에 몸을 던져 생을 마
감했다.

　조선시대 명사들의 일화나 시화(詩話), 소화(笑話) 등이 실려 있
는『기문총화(記聞叢話)』에 따르면 당시 두향이 선물로 주었던 매
화를 퇴계는 평생 살아 있는 인격체를 대하듯 가까이 두고 경(敬)
과 정(情)을 쏟았다고 한다. 퇴계의 임종을 지켰던 애제자 이덕홍
이 쓴『계산기선록(溪山記善錄)』에는 "선생께서 돌아가시면서 마
지막 유언으로 12월 8일 아침에 '분매(盆梅)에게 물을 주라'고 지
시하셨다.(初八日 命灌盆梅)"고 기록되어 있다. 도산매(陶山梅) 혹
은 퇴계매(退溪梅)로 불리는 경북 매화의 원조 격이다. 퇴계 선생
을 배향한 도산서원에 있던 도산매는 아쉽게도 1980년대에 고사
했다.

경북의 고매, 안동 서애매

　경북에서 매화를 시·군화로 지정한 곳이 안동시와 칠곡군, 울
진군이고, 특히 안동은 고매의 고장이다. 다행히 하회마을에 있
는 서애 류성룡 선생 종택 충효당의 불천위 사당 앞에 150년이
넘는 서애매(西厓梅)가 고매의 명맥을 이어가고 있다. 나무 높이
가 7m에 이르는 백매이며, 해마다 3월쯤 꽃이 활짝 핀 모습이
장관이다.

　옛 문헌에 나오는 매화나무 이름과 종류를 구별하기는 매우 복
잡하다. 전문가가 아닌 일반인이 구분하는 기준은 꽃잎과 꽃받침

의 색상이다. 꽃잎의 수가 5장이면 홑매, 10장 겹이면 겹매, 여러 겹이면 만첩매라고 부르며, 홑매는 다시 색깔에 따라 백매, 청매, 홍매로 구분된다.

홍매는 꽃잎과 꽃받침 모두 붉은색으로, 그중에서 유달리 진하게 붉은 선홍색이면 흑매(黑梅) 또는 비매(緋梅)라고 한다. 백매는 꽃잎이 하얗고 꽃받침이 붉으며, 청매는 하얀 꽃잎에 푸른 기운이 돌고 꽃받침도 녹색이다.

위기 탈출, 망매지갈의 지혜

신맛이 강한 매실에는 구연산이 많아 약용이나 건강식품으로 사용된다. 6~7월 매실이 누렇게 익을 무렵 장마에 접어드는데 이때 내리는 비를 매우(梅雨)라고 부른다.

『세설신어(世說新語)』에 나오는 망매지갈(望梅止渴)이라는 고사는 매실(梅實)의 강한 신맛에서 연유한 말이다.

조조가 군대를 이끌고 행군을 하고 있었는데 날은 무덥고 물을 찾을 수 없자 갈증과 피로에 지친 병사들이 거의 움직이지 못할 지경에 이르렀다. 이때 조조는 꾀를 내서 조금만 더 가면 매실나무 숲이 있으니 새콤한 열매를 따 먹으면 갈증을 해소할 수 있다며 독려했고, 이 이야기를 듣고 매실의 신맛을 생각한 병사들의 입안에서 군침이 돌아 힘을 내서 위기를 탈출했다.

위기일발의 순간 지도자가 한 번쯤은 써 먹을 수 있지만 희망을 남발하면 되레 불신을 초래하고 결국에는 희망 고문이 될 수 있다.

일제에 맞선 독립운동가이자 언론인인 문일평은 『화하만필(花下漫筆)』에 "고려 때 시인 정지상은 매화 그림을 잘 그렸고, 어몽룡의 매화 그림은 조선에서 으뜸으로 일컬어졌다."고 했다. 지금도 어몽룡의 묵매(墨梅) 가운데 늙은 매화나무 둥치에서 하늘을 찌를 듯 치솟아 있는 가지에 성글게 핀 매화와 어스름한 달이 조화를 이루는 월매도(月梅圖)는 5만 원 권 지폐의 신사임당 초상화 뒷면에 들어있어 한국인의 사랑을 받고 있다.

비매 중에서 색상이 가장 빼어난 품종인 흑룡금매
대구수목원(2020. 3.)

꽃잎 색깔이 붉은 홍매 　대구 달성군 인흥마을(2022. 3.)

24 봄

비매(緋梅)는 매화 꽃잎이 진홍색으로 매혹적이며 흑매라고도 부른다.
전남 구례 화엄사(2020. 4.) ⓒ 이원선

국내 유명 고매

수령 150년이 넘는 매화나무를 보통 고매라고 한다. 호남 5매
와 경남 산청 3매, 강릉의 율곡매, 전남 구례 화엄사의 홍매화 등
이 널리 알려진 고매다.

호남 지역에서는 명품 매화 다섯 곳을 호남 5매(梅)라고 부른다.

장성 백양사의 고불매(古佛梅), 선암사의 선암매(仙巖梅), 담양
지실마을의 계당매(溪堂梅), 전남대의 대명매(大明梅), 고흥 소록
도의 수양매를 일컬었는데 수양매가 노화로 죽자 화엄사의 화엄

홍매(華嚴紅梅)를 호남 5매로 꼽는다.

　장성 백양사 고불매(古佛梅)는 천연기념물로 백양사 우화루 곁에 있는 수령 350년, 나무 높이 5.3m 된 홍매화다. 3월 말경에 연분홍빛 꽃을 피운다. 1947년 부처님의 원래의 가르침을 기리자는 뜻으로 백양사(白羊寺) 고불총림(古佛叢林)이 결성되면서 매화나무 별칭을 고불매라고 부른다.

　순천 선암매(仙巖梅)는 선암사 경내에 있다. 수령 350~650년의 국내 최고령 매화나무 50여 그루가 자라고 있으며 3월 중순경에 만개하여 장관을 이룬다.

　산청 3매(山淸 三梅)는 경상남도 산청군에 있는 산천재의 남명매, 단속사지의 정당매, 남사마을의 원정매를 아우른다.

　율곡매(栗谷梅)는 강원도 강릉의 오죽헌에 있는 매화나무다.

　구례 화엄사 들매화는 작은 암자인 길상암 앞에 자리하고, 인위적으로 가꾸지 않은 자연 상태의 매화다. 천연기념물인 화엄사 홍매는 유난히도 붉은빛을 띄고 있어 흑매(黑梅)라고도 불린다.

대구의 매화

대구에는 1990년대 무렵 송광매 붐이 일었다. 드라마 '허준'의 영향과 시민들이 건강에 관심이 높아지면서 매실의 수요가 늘었기 때문이다. 지금은 고인이 된 영남대학교 권병탁 교수가 전남 순천의 송광사(松廣寺)에서 씨앗을 구해 키운 묘목을 시민에게 보급했다. 팔공산 자락에는 그때 조성된 매원과 송광매기념관(현재 전통산업박물관)이 남아 있다.

대구에서 또 매화가 유명한 곳은 달성군 화원읍 본리1리 남평 문씨의 세거지인 인흥마을이다. 문익점의 후손인 인산재 문경호가 1872년에 처음 터를 잡은 이 마을은 문희갑(文熹甲) 전 대구시장의 고향이다. 문 시장의 사촌동생이자 전 언론인이며 정치인인 문태갑(文胎甲)이 1990년대부터 매화나무를 심기 시작해 현재 수백 그루에 이른다. 홍매, 비매, 백매, 청매 등 다양한 색상의 매화를 볼 수 있을 뿐만 아니라 수양매(처진매화나무) 등 색다른 수형의 나무도 마을 입구 도로변에 있다.

대구 동구 둔산동 옻골마을의 홍매화도 마니아층에게는 봄의 전령으로 알려져 있다. 마을로 들어서면 오른쪽의 개울을 끼고 있는 화전고택의 홍매화와 마을 안 동계정(東溪亭, 대구시문화자료 제45호) 골목길 끝자락의 홍매화가 아름답다.

대구수목원 매화원에서는 전국에서 이름난 고매와 수형이 아름다운 매화나무를 한눈에 볼 수 있다. 특히 운용매는 가지의 자람이

운용매는 가지의 자람이 구름을 나는 용을 닮았다고 해서 붙여진 이름이다.
꾸불꾸불 용틀임하듯이 가지가 휘는 게 특징이다.
대구수목원(2022. 3.)

구름 속의 용이 꿈틀대는 형상으로 뻗어나가 많은 애호가들의 사
랑을 받고 있다.

산수유나무

임금님 귀는 당나귀 귀

산수유꽃 대구 중구 약령골목(2020. 4.)

신라 제48대 경문왕이 즉위하자 갑자기 귀가 길어져 당나귀 귀처럼 되었다. 임금 주위에 아무도 몰랐으나 오직 머리에 쓰는 복두(幞頭)를 만드는 사람만이 비밀을 알고 있었다. 복두장이는 평생 비밀을 지키다 죽을 때가 가까워지자 도림사(道林寺)의 대나무 숲속에 들어가 "임금님 귀는 당나귀 귀"라고 외쳤다. 이후 바람 불 때마다 대나무 숲에서 "임금님 귀는 당나귀 귀"라는 소리가 들렸다. 왕은 대나무를 베어내고 대신 산수유나무를 심게 했다. 이번엔 바람이 불자 "임금님 귀는 길다"는 소리만 났다.

『삼국유사』「기이(紀異)」편에 나오는 경문대왕(景文大王, 861~875)의 여이설화(驢耳說話) 즉 당나귀 귀 이야기의 내용이다. 아마도 우리 고전 문헌에서 확인된 산수유나무 기록 중에서 가장 오래되었을 것이다. 경문왕은 자기 귀의 비밀을 감추려고 대나무를 베어버리고 산수유를 심었지만 산수유 또한 진실을 속이지 않는 올곧은 나무였다. '대쪽 같은' 성격의 대나무보다는 말이 점잖아졌다. 늦가을 잎이 모두 떨어진 산수유나무에 주렁주렁 매달려 있는 길쭉한 타원형의 붉은 열매에서 어쩌면 긴 귀를 연상해 이런 이야기가 만들어졌을지도 모를 일이다.

『세종실록』「지리지」에 경상도 경주부의 특산물 가운데 하나가 산수유로 나온다.

조선 중기의 문신인 장유(張維)의 칠언율시(七言律詩)에 「경주 부윤으로 부임하는 권정오 연백을 전송하며(送鷄林尹權靜吾年伯)」라는 시도 있다.

발해(渤海) 건너 돌아온 길 하얗게 센 귀밑머리　　　蓬海歸來兩鬢霜
남쪽 수령으로 떠나다니 착잡하시리라　　　　　　一麾南去意何長
유명한 도읍지 서라벌(徐羅伐)이지만　　　　　　名都自是徐耶伐
평소 명망 비춰 볼 때 체려강이 웬 말인고　　　　雅望其如替戻岡
신령스러운 서발의 묘 예부터 전해 오고　　　　　靈跡舊傳舒發墓
유자(儒者)들 상기도 떠올리는 회재의 고향　　　儒風尙記晦齋鄕
생각하면 산수유(山茱萸)며 구기자 풍성한 곳　　仍思茱杞饒秋實
아끼지 말고 한 보따리 멀리 보내 주셨으면　　　莫惜封題寄遠將

－『계곡선생집』 제31권

옛날 경문왕이 심었던 산수유가 대대로 이어 왔던가. 또 경주문화원 뜰에도 오래돼서 밑동마저 문드러진 산수유나무가 처절하게 생명력을 유지하며 살고 있다.

조선 선비가 완상한 산수유꽃

층층나무과의 낙엽활엽소교목인 산수유나무는 우리나라 중부 이남 지역에 분포한다. 산수유꽃은 종다리처럼 봄의 노래를 조잘거리고 싶어 잎이 피기 전 3월쯤 망울을 터뜨린다. 다른 꽃들이 피기 전에 일찌감치 노란색으로 나무를 덮으며 벌들의 시선을 독차지한다.

파스텔 톤의 은은한 꽃 색상이 아름다워 요즘 관상수로도 널리 심는다. 조선시대 사대부 집의 정원에도 한두 그루 정도 심었다. 경주시 안강읍 옥산리 회재(晦齋) 이언적(李彦迪, 1491~1553)의 종택인 독락당 뜰이나 대구 동구 평광동 단양 우씨 재실에도 오래된 산수유나무가 있다.

조선시대 홍만선(洪萬選, 1643~1715)의 『산림경제(山林經濟)』
「양화(養花)」 편에는 산수유에 대하여 "땅이 얼기 이전이나 해빙
이후에 모두 심을 수 있다. 2월에 꽃이 피고, 붉은 열매는 완상할
만하다."며 속방(俗方)에 '닭똥으로 덮어주면 무성해진다'라고 설
명했다. 조선시대 산수유를 꽃나무로 중시했음을 보여준다.

굳센 절개가 백이처럼 고고하니	勁節高孤似伯夷
봄을 다투는 복사꽃 오얏꽃과 어찌 시기를 함께하나	爭春桃李肯同時
산속 정원은 적막하게 오는 사람도 없는데	山園寂寞無人到
짙고 맑은 향기를 다만 스스로 아네	藹藹清香只自知
	―『단곡집(丹谷集)』

  임진왜란 때 영남에서 의병으로 활동했고, 평생 벼슬에 나가지
않고 학문에만 전념했던 선비 곽진(郭瑨)의 시 「수유화(茱萸花)」
다. 봄에 피는 산수유를 백이(伯夷)의 절개에 빗대고 애완(愛玩)하
는 마음을 읊었다.
  산수유꽃은 흔한 복사꽃이나 오얏꽃과 봄을 다투지 않고 적막
한 산속 정원에서 홀로 피어서 맑은 향기를 전한다. 한겨울을 이
겨내는 산수유의 굳센 절개가 얼마나 고고하게 보였을까. 주나라
가 천자의 나라인 은나라를 정벌하는 것을 부당하게 여겨 동생 숙
제와 함께 수양산에 들어가서 고사리를 캐 먹다가 굶어 죽은 백이
를 시에 소환했다.
  산수유꽃은 하나의 꽃봉오리에서 긴 꽃자루를 지닌 작은 꽃
20~30개가 몰려나와 우산형 꽃차례를 이룬다. 한곳에 수많은
꽃송이들이 모여 있는 꽃차례의 모습이 특이할 뿐만 아니라, 자

세히 들여다보면 4장의 꽃잎을 지닌 작은 꽃 하나하나 모양도 앙증맞다.

중양절 귀신 물리치는 상징, 산수유 열매

옛 사람들은 봄에는 산수유꽃을 봄소식의 전령으로 여겼지만 가을에는 중양절을 상징하는 열매로 중시했다. 지금은 사라진 절기인 음력 9월 9일 중양절은 중국에서 비롯된 풍속이다. 산수유 붉은 열매는 악귀를 물리치는 상징이고 국화주는 장수를 기원하는 의미로 중양절에 쓰였다. 산수유 열매를 주머니에 넣어서 팔에 매달거나 허리에 차거나 혹은 산수유 열매가 달린 나뭇가지를 머리에 꽂고, 산수유 술이나 국화주를 마시며 시와 글을 짓는다. 중양절을 일명 수유절(茱萸節) 혹은 수유회(茱萸會)라고도 부른다.

조선 전기의 문신이자 학자인 서거정의 「이날 손님이 와서 간단하게 한잔 마시고 취하여 읊다(是日 客來小酌 醉唫)」라는 시에는 중양절 풍습이 엿보인다.

손님이 와서 다시 술 마시고 즐겁게 놀고	客來聊復講歡娛
몹시 취해 기자에게 부축하게 하노니	酩酊仍敎驥子扶
서풍을 보내 내 모자 떨구게 하지 마라	莫遣西風吹帽落
짧은 머리에 수유를 꽂은 게 부끄럽다	羞將短髮揷茱萸

– 『사가시집』 제52권

가을에 산수유를 수확하는 농부
경북 의성군 화전리(2015. 10.) ⓒ 이채근

이수광의 『지봉유설』에 나오는 산수유나무에 대한 이야기는 부조리를 고발한다. 중양절 풍속에서 산수유 열매의 벽사 기능은 붉은색에서 말미암는다. 이홍헌이 중구절 시에 "수유꽃이 지난해의 가지에서 피었네"라고 지은 구절은 생뚱맞고 이는 망발인데 고시관(考試官)이 점수를 상등으로 치자 같잖고 우습다는 내용이다.

> 당시(唐詩)에 "사악을 물리치는 수유 술(辟惡茱萸酒)"이라 했고, 두보의 시에는 "다시 수유를 들고 자세하게 바라보네(更把茱萸子細看)"라고 했다. 상고해 보니 옛날 환경이 9일에 붉은 주머니를 만들어 수유를 채워서 팔에 매달고 높은 곳에 올라 재앙을 피했다고 한다. 대개 수유는 가을에 이르러 열린 열매가 붉게 익기 때문이다. 근세에 이홍헌(李弘憲)이 「중구절에 양궁을 추억하다(重九憶兩宮)」라는 시에서 "수유꽃이 지난해의 가지에서 피었네(茱萸花發昔年枝)"라고 했는데 고관이 상등에다 두었다. 가소롭다. (唐詩曰辟惡茱萸酒. 杜詩曰更把茱萸子細看. 按昔桓景. 九日作絳囊. 盛茱萸繫臂. 登高以避厄. 蓋茱萸至秋結實紅熟故也. 近世李弘憲製 重九憶兩宮詩云茱萸花發昔年枝. 乃妄發. 而考官置諸上等. 可笑.)
>
> — 『지봉유설』 제11권

동의보감에도 나오는 천연 자양강장제

산수유나무 열매는 옛날부터 유명한 약재다. 늦가을에 빨갛게 익은 열매를 수확한다. 약간의 단맛과 함께 떫고 강한 신맛이 난다. 『동의보감』에는 "음을 왕성하게 하여 신정과 신기를 보하고 성기능을 높이며 … 정수를 보호해 주고 허리와 무릎을 덥혀 주어

신을 돕는다."는 전형적인 자양강장제로 나온다.

약재인 열매를 얻기 위해 산수유를 많이 재배하는 경북 의성군 사곡면 화전리에는 해마다 3월 말에서 4월 초가 되면 온 마을이 노란 꽃으로 뒤덮여 절경이다. 마을 입구에서부터 산자락에 이르기까지 두루 퍼져 있는 산수유나무는 3만여 그루나 된다. 산수유 꽃 축제가 열리면 인산인해다. 가을부터 봄까지 빨간 열매를 매단 나무 또한 볼거리다. 꽃과 열매로 두 번 보는 즐거움을 주고 농민들에게 소득을 안겨주는 고마운 나무다.

산수유 열매를 전문적으로 생산하는 농가에서는 산수유를 팔아 자식들의 대학등록금을 마련했다고 해서 산수유나무를 대학나무라 부르기도 했다. 산수유 열매 씨에는 독이 있어서 예전에는 하나하나 이로 제거했다. 평생을 산수유 씨앗을 제거하느라 이가 상한 할머니가 예전에는 많았다. 그러나 산수유 열매를 수확하는 주민들이 점차 줄고 있다. 비싼 인건비에 비해 경제성이 없기 때문이다. 더구나 봄 가뭄이 심하면 열매가 많이 달리지 않는다며 주민들은 아쉬움을 토로한다. 가을에 대나무 장대를 들고 산수유를 털던 모습도 농촌 소멸의 위기와 함께 사라질 처지다.

학창 시절 감동을 준 안동 출신 김종길 시인의 「성탄제」라는 시에 나오는 산수유는 겨울철 산책로의 빨간 열매를 보면 되새겨진다. 앓고 있는 어린 아들을 구완할 방법이 산수유를 달여주는 것밖에 없었던, 가난한 아버지의 생애 잊을 수 없는 순간을 장성한 아들이 되새기는 가슴이 찡한 내용이다.

대구와 산수유나무의 조화

    대구 달서구 상인동 낙동서원(洛東書院)에 월곡역사공원이 조성됐다. 산수유나무, 아름드리 소나무를 비롯해 모과나무, 향나무, 대나무 숲, 겹벚꽃나무 등 다양한 수종으로 주변을 꾸며놓았다.

    동구 평광동 단양 우씨 첨백당파 집성촌의 종중재실 첨백당(瞻栢堂. 대구시 문화재 13호)에 들어서면 오른쪽에 오래된 산수유나무가 보인다. 밑동 둘레가 80cm가 넘는 거목이다. 가지치기를 많이 해서 수형이 단조로운 점이 아쉽다.

    최근 대구시로 편입된 군위군 한밤마을의 고즈넉한 돌담길과 어울린 산수유나무가 아름답다. 구불구불 곡선으로 이어지는 마을 골목을 따라 돌담 아래 밭 언저리에 정갈하게 핀 산수유나무는 꽃도 아름답지만 가을에 빨갛게 익은 열매는 고풍스러운 마을의 정취와 잘 어울린다.

    대구약령시(중구 남성로 27-1)의 약령공원 오른편에도 산수유나무 대여섯 그루가 있다. 약령시를 새롭게 단장하면서 이식했다. 사시사철 관광객들의 발길이 이어진다.

눈 속의 산수유
국립대구박물관(2022. 12.)

150년 된 부인사 벚나무. 대구 동구 보호수이다. (2022. 4.)

벚나무

낙화도 아름답다

활짝 핀 왕벚꽃
대구 중구 청라언덕(2021. 3.)

도심에서 1년에 벚꽃을 감상하는 호사를 누릴 수 있는 시간은 고작해야 1주일 정도다. 한꺼번에 확 피었다가 2, 3일의 시간차를 두고 봄바람이 살랑살랑 불면 다섯 장의 꽃잎은 하염없이 떨어져 버린다. 그야말로 "어젯밤 비에 꽃이 활짝 피었더니(花開昨夜雨 화개작야우) 오늘 아침 바람에 꽃잎이 떨어지네(花落今朝風 화락 금조풍)"이라고 조선 중기 문장가 송한필(宋翰弼, 1539~?)의 한 시 「우음(偶吟)」의 표현이 딱 맞는다. 비슷한 시기에 꽃피는 살구나무, 배나무, 복사나무 등 장미과에 속하는 몇몇 나무 역시 꽃잎이 단숨에 지는 특징을 가지고 있는데 비처럼 내리는 꽃잎을 화우(花雨) 혹은 산화(散花)라고 한다. 꽃다운 나이에 전쟁터에서 목숨을 잃어버리면 '산화'했다고 쓰기도 한다.

벚나무, 일본 국화(國花)로 오해

벚나무는 일본인이 가장 좋아하는 나무로 알려져 있다. 자연산이 아닌 관상용 벚나무는 1906년 무렵 경남 진해와 마산에 일본인들이 들어와 심기 시작했다. 경술국치 이후엔 일본인이 무더기로 한반도에 이주하면서 전국 곳곳에 자리 잡게 됐다. 급기야 궁궐인 창경궁에도 벚나무를 심고 동물원을 만들어 창경원으로 격하시켰다. 1930년대 군국주의 광풍이 불던 일본에서는 벚꽃의 산화를 일왕과 국가를 위해 목숨 바치는 상징물로 미화했다. 태평양전쟁 막바지에 일본은 가미카제(神風) 특공대원들에게 벚꽃의 산화에 빗대 무모한 옥쇄를 강요했다. 가미카제 대원들이 부른 '동기(同期)의 벚꽃' 가사에는 "너와 나는 동기의 벚꽃 흩어지고 흩어져진다고 해도/ 꽃의 고향 야스쿠니신사 봄의 가지에 피어 만나자"며 젊은이들을 세뇌시키는 내용이 담겨 있다. 일제강점기를 거치며 벚꽃놀이를 접한 한국인들이 괜히 벚꽃과 벚나무를 꺼려하고 일본 나무로 오해한 게 아니다.

해방 후 벚꽃에 대한 국민적 저항으로 나무를 베어내는 일도 있었지만, 1962년 왕벚나무 자생지가 제주도 한라산이라는 식물학자 박만규 당시 국립과학관장의 주장이 한 일간지에 실리고 "벚꽃은 일본 꽃이 아니라 우리 꽃이니 멀리해서 안 된다."는 논리가 개발돼 식수를 장려하게 됐다.

초대 대통령을 지낸 이승만 박사는 미국에서 독립운동할 때 워싱턴 아메리칸대학교에 왕벚나무 4그루를 기증했다. 일본 도쿄 시장이 기증해 워싱턴 D. C. 포토맥강 주변에 심겨진 왕벚나

천주교대구대교구청의 왕벚나무, 일명 '타케나무'.
제주도에서 사목하면서 국내 왕벚나무 자생지를 처음 발견한 에밀 J. 타케 신부가 직접 심은 것으로 알려졌다.
대구 중구 남산동(2020. 3.)

무를 '재패니즈 체리 트리'라고 부르는데 반발해 '코리안 체리 트리'로 바꿔달라 요청했지만 당시 미국은 확실한 증거 부족을 이유로 들며 대신 오리엔탈 체리(Oriental Cherry)로 부르기로 했다는 일화도 있다.

왕벚나무 자생지 찾아낸 타케 신부

한국의 왕벚나무와 일본의 왕벚나무인 소메이요시노(染井吉野)는 꽃이 비슷하기 때문에 왕벚나무의 자생지를 두고 두 나라의 학자들 사이에 의견이 분분했다. 한국의 왕벚나무 자생지가 제주도, 전남 해남 대둔산 등에서 확인됐지만 일본에서 널리 재배되고 있는 소메이요시노 벚나무의 자생지를 찾지 못했기 때문이다. 결론부터 이야기하면 2018년 9월 국내학자들이 왕벚나무의 게놈(genome)을 완전히 해독해 보니 우리나라 왕벚나무는 올벚나무와 산벚나무 사이의 자연잡종이며, 일본 왕벚나무는 올벚나무와 이즈반도 고유종인 오오시마벚나무(大島櫻)를 사람이 인위적으로 교잡시켜 만든 인공교배종으로 밝혀졌다. 우리나라의 왕벚나무와 일본의 소메이요시노가 서로 다른 것으로 규명됨으로써 왕벚나무 원산지 논쟁은 마침표를 찍었다.

사실 국내 왕벚나무의 자생지를 최초로 찾아낸 사람은 한국인도 일본인도 아닌 프랑스인 선교사 에밀 타케(Émile Joseph Taquet, 1873~1952) 신부다. 1902년부터 1915년까지 제주도에서 사목하던 그가 1908년 4월 15일 제주도 한라산 북쪽 관음사 뒤 해발 600m 지점의 숲에서 왕벚나무 자생지를 발견해 1912년 독일 베를린대학교의 쾨네 박사에게 감정을 받음으로써 왕벚나무 자생지가 한국임을 세계에 알린 계기가 됐다. 대구 중구 남산동 천주교대구대교구청 뜰에는 타케 신부가 1930년대 유스티노 신학교에 재직할 때 심은 왕벚나무인 일명 타케나무가 있는데 해마다 봄이면 소담스러운 꽃이 활짝 핀다. 타케 신부는 대구대교구 성직자 묘지에 안장돼 있다.

효종 북벌계획과 수양벚나무

우리나라에서 자라는 벚나무의 종류에는 왕벚나무, 산벚나무, 올벚나무, 개벚나무, 겹벚나무, 처진개벚나무 등이 있다. 왕벚나무는 꽃이 잎보다 먼저 3~6개씩 잎겨드랑이에 모여 피고 꽃자루에 털이 있다. 올벚나무와 함께 잎보다 꽃이 먼저 피는 종이다. 나머지 벚나무들은 잎이 피어나면서 꽃도 시작한다. 산벚나무는 잎

수양벚나무, 일명 처진벚나무
대구 수성구 황금동(2020. 4.)

겨드랑이에 2~3개씩 모여 피고 꽃자루에 털이 없고 꽃이 피기 시작할 때 우산 모양 꽃차례를 이룬다. 올벚나무는 꽃받침 턱이 풍선처럼 약간 부풀어 있다. 꽃잎이 5장이면 홑벚꽃, 꽃잎의 수가 10장 넘으면 겹벚꽃이다. 벚나무의 개화순서는 도심의 왕벚꽃이 피고 지면 산벚꽃과 겹벚꽃이 차례로 꽃대궐을 이룬다.

흔히 수양벚나무라고 알려진 처진개벚나무는 개벚나무의 변종으로 전국에 걸쳐 자란다. 수양버들처럼 축축 처지는 가지의 볼품이 뛰어나 조경용 나무로 각광을 받고 있다. 조선시대 병자호란으로 청나라에 볼모로 잡혀갔다 돌아와 인조의 뒤를 이어 왕위에 오른 효종은 북벌계획의 하나로 서울 우이동 골짜기에 수양벚나무를 대대적으로 심게 했다. 수양벚나무는 탄력이 강해 활을 만들고 껍질은 활에 감아서 손을 아프지 않게 하는 데 쓸 수 있다고 한다.

전남 구례 화엄사에 있는 천연기념물로 지정된 올벚나무도 역시 임금의 강병의지를 받들어 고승 벽암선사가 심은 나무다. 벚나무의 수명은 보통 100년을 넘기지 못한다고 알려져 있는데 수령이 300년을 넘겼으니 벚나무 세계에서는 장수목인 셈이다.

벚꽃이 지고 6월쯤 작고 까만 열매가 열리는데 이름은 버찌다. 먹을거리가 귀하던 시절에는 들쩍지근한 버찌도 농촌에서 인기 있는 주전부리였다. 먹고 나면 입안이 온통 보라색으로 물든다. 벚나무의 이름이 어쩌면 열매 버찌에서 유래된 게 아닐까. 버찌가 열리는 나무, 즉 버찌나무로 부르다 벚나무로 준말이 됐을 수도 있겠다.

벚나무에 얽힌 역사와 이야기를 장황하게 쓴 이유는 우리 벚꽃을 제대로 알아야 일본의 사쿠라(さくら)로 오해하지 않을 것이기 때문이다.

요즘 젊은이들 사이에 유행하는 불멍이나 물멍처럼 떨어지는 4월에는 벚꽃을 멍하니 바라보는 꽃멍에 빠져보는 것도 힐링의 한 가지 방법이다.

변절자를 사쿠라로 오해한 이유

일본 사람들도 말고기를 먹는다. 구워서 먹기도 하고 육회로도 먹는다. 그렇지만 말고기를 쇠고기라고 속여서 파는 일이 많았다. 양두구육(羊頭狗肉)이 아니라 우두마육(牛頭馬肉)이었다. 쇠고기인 줄 알고 샀는데 먹어보니 말고기였다는 얘기다. 속여서 파는 말고기의 색깔이 벚꽃처럼 연분홍이었다. 그래서 벚꽃의 일본말을 써서 사쿠라(さくら) 고기라고 불렀다.

변절자를 의미하는 사쿠라라는 말은 1961년 5·16 군사 쿠데타 이후 정계에서 유행한 말이다. 일본어의 사쿠라니쿠(桜肉)에서 비롯되었다. 정치 환경이 바뀜으로 해서 종래의 자기 조직을 이탈하는 양상이 많아지자 변절한 옛 동지를 비꼬는 말로 쓰였다.

대구경북에는 벚꽃 명소가 많다.

도시놀이공원인 달서구 이월드와 수성구 수성못은 남녀노소 누구나 즐길 거리가 풍성하다. 벚꽃이 만개하면 야간에는 몽환적이고 아름다운 모습을 만끽할 수 있다.

꽃보라동산은 북구 산격동 대구시청 별관 바로 옆에 위치하며 다양한 포토존과 야간 경관조명이 있다.

수성구 욱수천 수양벚꽃도 장관이다. 욱수저수지 아래 덕원고등학교 상류에 가지가 축 늘어진 일명 처진벚나무꽃의 분홍빛 경관이 돋보인다.

팔공산 벚꽃 드라이브 코스는 '한국 관광 100선'에도 이름이 올라 있다. 국립공원 팔공산 자락을 따라 펼쳐진 연분홍 물결은 연인들의 데이트 장소로도 인기가 높다.

달성군 옥포읍 송해공원 주변의 벚꽃길도 빼어난 경관을 자랑한다.

이 밖에도 동구 동촌유원지, 남구 앞산카페거리, 북구 침산공원, 달성군 가창댐도 벚꽃이 아름답다.

수성못 주변의 벚꽃 터널은 해마다 젊은이들이 즐겨 찾는 명소다. 1980년대 이후에 개설된 도로의 가로수는 왕벚나무가 많다. 호젓한 영천댐 둘레에도 벚나무 경관이 아름답다. 경주는 봄이면 시내 전체가 흐드러지게 핀 벚꽃으로 뒤덮인다. 보문관광단지를 비

겹벚꽃 대구 달서구 월곡역사공원(2020. 4.)

롯해 김유신 장군 묘가 있는 흥무공원, 불국사 입구, 대릉원, 첨성
대와 반월성 주변 도로에서도 벚꽃을 감상할 수 있다.

왕벚꽃이 지고 나면 4월 중순쯤 겹벚꽃이 뭉게뭉게 피는데 대
구 달서구 월곡역사공원에는 수십 그루가 연분홍빛 장관을 연출
한다.

대구 중구 달성공원(2023. 3.)

라일락나무

_____

첫사랑의 달달한 향기

꽃잎이 다섯 개로 갈라지는 '행운의 라일락'
대구 수성구 범어공원(2023. 4.)

1970년대 청춘의 아이콘 청바지와 생맥주, 통기타를 가리키는 '청생통 문화'를 기억하는 사람들은 가수 윤형주가 부른 '우리들의 이야기'를 즐겨 들었다. 4월이면 풋풋한 연인이 라일락꽃 향기 흩날리던 날 교정에서 낭만적인 만남을 시작하는 가사와 라일락 향기가 스며있는 듯 감미로운 멜로디를 흥얼거린다. 지금처럼 원예용 꽃과 조경용 나무가 그리 흔하지 않던 시절 4월 라일락꽃은 대학 캠퍼스의 낭만을 상징했다.

　　라일락은 엷은 보랏빛을 띠는 한자 十(십) 자 모양의 자잘한 통꽃 하나하나가 한 움큼씩 뭉쳐서 피어 황홀하고도 진한 향기를 사방으로 뭉게뭉게 흩뿌린다. 첫사랑의 달달함과 같은 향은 환절기에 코가 막혀도 쉽게 느낄 정도로 강하다.

　　어릴 적 농촌에는 봄에 농사를 준비하기 위해 두엄을 들로 내는 시기라 악취가 많이 났다. 우리 마을 마당 너른 집에 라일락나무가 꽃대를 내밀고 2~3일 지나면 그윽한 향기가 동네 악취를 압도했다. 그 시절 화장품이나 껌과 같은 상품에도 라일락 향이 들어갔다.

라일락은 1880년경에 일본에서 우리나라로 들어왔다고 한다. 우리나라에는 수수꽃다리라는 토종 라일락이 북한 지역에 자생했다. 대구에 있는 라일락은 일본에서 들어온 품종인지 남북 분단 전에 대구로 전래된 토종 라일락, 즉 수수꽃다리인지 정체성이 분명하지 않다. 100년이 넘도록 대구 도심에서 해마다 봄에 청량한 향기를 선물해 온 나무가 새삼 위대하게 보인다.

한반도 토착종 수수꽃다리·정향나무

한반도에도 라일락과 비슷한 나무가 있다. 이름하여 수수꽃다리다. 원뿔 형태의 꽃차례가 수수 이삭과 닮아서 순우리말 수수꽃다리라는 정감 어린 이름을 붙였다. 자세히 보면 겉은 붉은 보랏빛이지만 속은 하얀 꽃 자체가 예쁘다기보다는 진한 향기가 후각을 일깨워 강한 인상을 남긴다.

수수꽃다리는 물푸레나뭇과의 낙엽 관목으로 북한 황해도와 평안남도의 석회암 지대에서 자생한다. 지금은 자생지를 가볼 수 없지만 남북 분단 이전에 옮겨 심은 나무들이나 자손을 대구수목원 등에서 볼 수 있다.

황해도 개풍이 고향인 소설가 박완서의 장편소설 『미망』에 "4월 초파일이 며칠 안 남은 용수산은 한때 온 산을 새빨갛게 물들였던 진달래가 지고 바야흐로 잎이 피어날 시기였다. 그러나 수수꽃다리는 꽃이 한창이어서 그 향기가 숨이 막히게 짙었다.”는 대목에서 알 수 있듯이 수수꽃다리는 진한 향기가 특징이다.

그러나 수수꽃다리라는 예쁜 이름도 나이 든 세대에게는 귀에 설다. 라일락이라고 하면 그제야 “아! 향기 진한 그 꽃!”이라고 기억을 되짚는다. 신세대들은 수수꽃다리를 한국 라일락이라고 알고 있고 라일락은 서양수수꽃다리라고 부르며 구분한다.

수수꽃다리와 서양수수꽃다리는 생김새가 비슷해 전문가들만이 잎과 꽃 모양을 구별할 정도이니 보통 사람들은 많이 헷갈린다. 더구나 요즘 공원이나 박물관의 팻말에는 라일락은 거의 볼 수 없고 대부분 수수꽃다리라고 적혀 있어 더 혼란스럽게 만든다.

이름을 설명하자면 라일락은 서양수수꽃다리 종류의 나무를 영어권에서 부르는 이름이고, 수수꽃다리는 우리나라 토종 라일락의 이름이자 종명(種名)이면서 동시에 속명(屬名)이다. 가수 현인이 부른 번안가요 ‘베사메무초’ 가사의 “리라꽃 향기를 나에게 전해다오”의 리라(lilas)꽃은 라일락을 가리키는 프랑스 말이다.

한 전문가는 “시중에 수수꽃다리라고 부르는 나무의 99% 이상이 라일락일 것”이라고 추정하고 “남북 분단 전 남쪽에서 기른 수수꽃다리는 몇 그루 안 된다.”고 말했다.

수수꽃다리는 동서양을 막론하고 사람들의 사랑을 받는 꽃이다 보니 호사가들의 입에 오르내렸다. 꽃잎이 네 개로 갈라지는데 다섯 개로 갈라지는 꽃부리를 보면 사랑이 이루어진다는 속설을 낳았다. 또 하트 모양 잎을 깨물면 첫사랑의 쓴맛을 느낄 수 있다는 이야기도 있다. 라일락의 잎을 따서 씹으면 첫사랑을 모르는 아이도 쓰디쓴 맛에 이내 내뱉게 된다. 소태나무 잎만큼은 아니더라도 쓴맛이 입안에서 꽤 오래간다.

수수꽃다리의 형제 나무들

수수꽃다리는 라일락과 언뜻 보면 생김새가 비슷하지만 잎과 꽃 모양이 다르다고 한다. 라일락은 잎의 길이가 폭에 비하여 상대적으로 긴 편이고 수수꽃다리는 길이와 폭이 비슷하다고 말하지만 보통 사람 눈에 확연히 구분되는 게 아니다.

수수꽃다리를 중국에서 부르는 이름이 정향(丁香) 혹은 자정향(紫丁香)이다. 우리 옛 문헌에 수수꽃다리라는 이름은 찾기 힘들고 정향이라는 말이 나온다. 책에 나오는 정향은 주로 식자층에서 쓰는 말이고 수수꽃다리는 글을 알지 못하는 민초들이 널리 썼다는 주장과 함께 정향이 향기를 강조한 이름이고 수수꽃다리는 생김새를 강조한 이름이라는 설명에 고개가 끄덕여진다.

수수꽃다리와 비슷한 형제 나무로는 꽃이 흰색이고 수술이 밖으로 올라온 개회나무, 잎 뒷면 주맥에 털이 많은 털개회나무, 새로운 가지에서 꽃대가 올라오는 꽃개회나무가 있다. 이들은 꽃 피는 시기가 다르다. 대구에서는 4월 초순에 수수꽃다리와 라일락의 꽃이 피고 5월이 되면 대구수목원의 개회나무 종류들에서 흰 꽃이 뭉실뭉실 핀다.

개회나무는 벌 같은 곤충들이 많이 찾아든다. 향기가 강하고 꽃대롱이 짧아 꿀샘이 쉽게 노출되기 때문이다. 대구에 가로수로 심어진 꽃개회나무도 5월에야 새하얀 꽃을 무더기로 내놓는다. 울릉도에서만 자라는 특산종인 섬개회나무, 흰섬개회나무도 있다.

식물유전자원의 소중함

우리 땅에서 자라는 토종자원에 대한 인식이 미흡하던 시절 한반도의 토착 식물이 해외로 반출돼 대량증식이나 품종개량을 거쳐 상품화된 식물이 여럿이다. 하루백합(daylily)으로 개량된 원추리, 북한이 원산지인 장수만리화, 고급 정원수로 인기 있는 지리산 노각나무, 크리스마스 트리로 사랑받는 한라산 구상나무 등은 모두 외국에서 이름을 날리고 있다. 해외에서 육종된 몇몇 품종은 외국에 로열티를 지불하며 국내로 되레 역수입되고 있다.

이들 가운데 서울 북한산 털개회나무를 개량한 미스킴라일락도 새로 육종돼 국내에 다시 보급되고 있다. 미국 군정 때 농무성 소속 엘윈 미더(Elwin Meader)라는 식물 육종전문가는 북한산 백운대 부근의 바위틈에 핀 털개회나무꽃을 발견하고 씨앗을 받아 본국에서 대량증식에 성공, 새 품종을 만들었다. 한국에서 식물 채집하고 정리할 때 자신을 도와준 여성 타이피스트의 김씨 성을 붙여 '미스킴라일락(Miss Kim Lilac)'이라고 이름을 지었다. 유럽 라일락보다 키가 작고 향기가 진해 더 멀리 퍼져가는 우량 품종으로 세계 라일락시장에서 선풍적인 인기를 끌고 있다. 1970년대에 한국에서도 비싼 값에 거래됐다. 요즘은 대도시 아파트단지의 가장자리 화단에 쉽게 볼 수 있을 만큼 흔해졌다.

미스킴라일락이 우리 아파트 화단에서 보라색 꽃을 피울 때쯤이면 수수꽃다리 이파리를 씹었을 때처럼 씁쓸하다. 종자 전쟁에서 우리는 의문의 일 패를 당한 후에야 식물 유전자원 관리의 소중함을 깨달았기 때문이다.

선비들이 정향을 읊지 않은 까닭

쟁반 가득한 선과에 햇빛이 환히 비치고　　　　　仙果堆盤照日光
한림공봉의 모시 적삼은 자못 서늘한데　　　　　翰林供奉苧衫涼
어가를 잠깐 멈추고 천안이 움직이시니　　　　　飛龍小駐天顔動
바람 불어 은은한 계설향을 전해 오누나　　　　　細細風傳鷄舌香

－『목은시고』 제3권

고려 충신 삼은(三隱)의 한 사람인 목은(牧隱) 이색(李穡, 1328~1396)의 「어가 앞에 과일 쟁반을 받들어 올리다(駕前捧果盤)」라는 시다.

영해 출신의 목은은 원나라 과거에 급제해 한림공봉이라는 벼슬을 한 적이 있다. 봄에 왕이 가마를 타고 가다가 잠깐 멈추었을 때 수수꽃다리 꽃향기(계설향)가 봄바람에 전해오는 풍경을 읊었다. 수수꽃다리의 꽃봉오리를 말려 한약재로 쓰는데 이름은 계설향이다. 중국 고대에 임금을 가까이서 모시는 신하 상서랑(尚書郎)은 입 냄새를 막기 위해 계설향을 머금고 나서 말했다고 전해진다.

미스킴라일락
대구 수성구 아파트단지(2020. 5.)

　수수꽃다리의 옛 이름 정향나무를『양화소록』의 「화목구품」에는 배꽃, 살구꽃 목련 등과 함께 7품에 넣어놓고『화암수록』의 「화암구등」에도 7등에 올린 것으로 보아서는 조선시대에는 그다지 소중한 나무로 여기지 않았음을 짐작게 한다. 더욱이 배꽃, 살구꽃을 읊은 시는 많으나 정향을 언급하거나 노래한 시는 드물다.

　생육신 남효온(南孝溫, 1454~1492)이 남긴『속동문선』의 「유금강산기」에 "정향의 꽃과 향기를 오랫동안 즐기고자 꽃을 꺾어 말안장에 꽂아두고 면암을 지나 30리를 갔다.(折取丁香花揷馬鞍以聞香 過眠岩行將三十里)"는 내용이 나온다.

　또 조선 후기의 실학자 유득공(柳得恭, 1748~1807)이 쓴『고운당필기(古芸堂筆記)』제2권에는 관서 지방에서 시를 잘 짓기로 이름난 기생 '일지홍(一枝紅)'의 이야기가 실려 있다. 유득공이 승지 이서구에게 일지홍의 시를 보내달라고 하니 다음과 같은 답장에 정향나무를 언급했다.

제게 준 시는 "뜨락의 정향나무 곱기도 하지, 지난해와 같은 모습 꽃을 피우네(可憐庭除丁香樹 花發猶能似昔時)"라고 했는데, 아름다운 시구지요. 일지홍의 시집 한 권이 행장 속에 있었는데 홀연 사라져 버렸으니 몹시 애석합니다.

선비들이 정향나무를 알고 즐기면서도 시가(詩歌)를 많이 남기지 않은 이유는 뭘까? 점잖은 체면을 구길 만큼 진한 향기 때문인가?

세자에 책봉됐으나 뿌리치고 전국을 떠돌며 풍류를 즐긴 양녕대군이 정향(丁香)이라는 이름의 평양 명기와 로맨스를 즐기는 내용이 조선시대의 한문소설 「정향전(丁香傳)」이다. 시조시인이며 사학자였던 이은상(李殷相)이 1930년 동아일보에 연재한 소설 「양녕대군과 정향」은 「정향전」을 재창작한 작품이다. 기생 정향이 양녕에게 절개를 버리는 내용이 담겼다. 양녕이 하룻밤 정사를 나누고서 그녀의 치마폭에 써주었다는 한시 한 수를 「정향전」을 인용해 소개했는데 그 시의 일부다.

밤 달도 잠자리를 엿볼 필요가 없는데　　　　夜月不須窺繡枕
새벽바람은 무슨 일로 비단장막을 걷느냐　　曉風何事捲羅帷
뜰 앞에는 다행히 정향나무가 서 있으니　　　庭前幸有丁香樹
춘정으로 한 가지를 어찌 꺾지 않으리오　　　强把春情折一枝

조선 선비들은 정향을 기생들의 이름으로 불렀고 정향나무도 노류장화로 하찮게 여겼을 것이다. 꽃과 향기가 아무리 아름답고 좋더라도 성리학적 지배 이념 체제에서 사대부가 즐겨 감상할 만한 것이 못 되었던 모양이다. 목숨과도 맞바꿀 만큼의 고결한 절개, 아무리 춥고 배고파도 향기만은 함부로 팔지 않아야 하는 지조와 동떨어지기 때문이다. 이러니 사대부나 선비 집이라면 당연히 멀리해야 할 꽃나무였다.

'잔인한 달' 4월에 짙은 향기

T. S. 엘리엇은 시 「황무지」에서 '4월은 잔인한 달'이지만 죽은 땅에서 라일락을 키워내는 달이라며 1차 세계대전 후 서구의 황폐한 정신적 상황을 표현했다.

우리도 4월의 잔인한 상흔이 있다. 대구 출신 민족시인 이상화와 그의 벗인 현진건은 공교롭게도 '죽은 땅에서 라일락을 키워내는' 대자연이 부활하는 달에 운명했다. 4·19 혁명도 라일락 향이 퍼져갈 때 일어났다. 4·16 세월호 참사의 후유증은 현재진행형이다. 황무지에서 자랄 만큼 생명력이 강한 라일락이 피는 계절에 새롭고 향긋한 일들이 꽃피기를 기대한다.

민족시인 이상화 생가의 거목

대구에 오래된 라일락이 적지 않다. 달성공원, 계산 성당, 청라언덕의 선교사 사택 정원, 신명여고로 가는 언덕배기 측백나무 생울타리 안쪽, 종로의 T주점, 노영 하산부인과 옆 주차장 폐가 등에 있는 라일락의 둥치 둘레는 50cm가 넘는다.

특히 항일 민족시인인 이상화 선생 생가 자리에는 높이 5m, 둘레 80cm가 넘는 라일락이 해마다 꽃을 피우고 있다. 지금은 카페로 운영 중인 생가 마당에 비스듬히 눕다시피 자라는 이상화나무는 줄기가 뒤틀려 있다.

상화 선생이 이곳에서 소년기와 청년기를 보냈다는 사실을 염두에 둬서 그런지 나무도 일제강점기의 아픔을 온몸으로 간직한 느낌이다. 아마도 이곳에서 대구 만세운동을 논의하고 나라 잃은 현실을 극복하기 위해 결의를 다진 애국지사들의 모습을 이상화나무는 말없이 지켜보았을 것으로 짐작된다.

이상화 생가 라일락 '이상화나무'
대구 중구(2020. 4.)

이팝나무 군락에 하얀 꽃이 흐드러지게 피어 있다.
대구 달성군 옥포읍 교항리(2020. 5.)

이팝나무

쌀밥에 고깃국 그리다

이팝나무
대구 달성군 옥포읍 교항리(2021.)

옛날 경상도 어느 마을에 착한 며느리가 살고 있었다. 시부모께 순종하며 쉴 틈 없이 집안일을 했지만, 시어머니는 트집을 잡고 구박하며 며느리에게 시집살이를 시켰다. 큰 제사가 있던 날 조상들께 올리는 메(밥)를 짓게 되었는데 잡곡밥만 짓다 쌀밥을 지으니 혹시 밥이 잘못돼서 시어머니께 야단맞을까 싶어 겁이 난 며느리는 뜸이 잘 들었나 보려고 밥알 몇 개를 먼저 입에 댔다. 공교롭게도 시어머니가 부엌에 들어왔다가 이 광경을 보고 제사상에 올릴 메를 먼저 퍼먹는다며 온갖 구박을 했다. 더 이상 견디지 못한 며느리는 뒷산에 올라가 목숨을 버렸고, 이듬해 며느리 무덤가에서 나무가 자라 하얀 쌀밥 같은 꽃을 가득 피워냈다.

이팝나무 전설은 동네에 따라 약간 다르지만, 하얀 쌀밥과 굶주림, 가난이 줄거리의 공통된 이야기다. 꽃며느리밥풀이라는 야생초의 설화도 이와 비슷한데 꽃의 생김새가 붉은 입술 모양의 꽃위에 밥알처럼 보이는 흰색 무늬가 있다. 가난한 시절 보릿고개

무렵 끼니 굶기를 밥 먹듯이 하며 살아간 사람들의 이야기가 투영된 이름이다.

이밥에 고깃국 그리던 가난한 시절

보릿고개를 호되게 겪던 시절에는 '이팝나무 꽃 필 무렵엔 딸네 집에 가지 마라'는 속담도 있다. 친정 부모가 오시면 밥을 대접해야 하는데 독에 쌀이 떨어진 딸의 마음이 얼마나 아프겠느냐는 의미다. 지난해에 저장해 둔 식량이 거의 바닥나고 보리는 아직 익지 않아서 수확이 한참 멀었던 춘궁기 5월에 새하얀 이팝나무 꽃이 핀다.

이 시기 봄철 나무에 피는 꽃을 보고 곡식이나 먹거리를 상상하며 배고픔을 달랬다. 가수 진성이 부르는 가요 '보릿고개'로 그때를 추억할 수 있을 만큼 경제적 여유가 생겼지만 베이비부머들이 어릴 적까지도 끼니 걱정을 하는 집이 많았다.

곳간에 양식이 바닥났지만 먹을 게 없던 시기에 하얀 꽃이 나무에 흐드러지게 핀 모습을 보고 사람들은 이밥(쌀밥)을 사발에 수북수북 담아놓은 고봉밥으로 상상하며 이팝나무라고 불렀다. 이밥은 조선시대 벼슬을 해야 이씨 왕조에서 주는 녹봉인 쌀로 밥을 지어 먹을 수 있다고 해서 쌀밥을 이밥이라 불렀다는 설(說)에서 나온 쌀밥의 다른 이름이다.

이팝나무는 남부지방이나 중부지방에 자라는 낙엽성 교목으로 물푸레나뭇과에 속한다. 분포 지역은 경상·전라도 등 남부지방이며, 서해안을 따라서 인천까지, 동해안으로 포항까지, 내륙으로 대구를 포함한다. 다 자라면 높이가 약 20m나 되며 잎은 긴 타원형이다. 암수딴그루로 4, 5월에 흰색 꽃이 새로 나온 가지에서 핀다. 열매는 타원형 핵과이며 10, 11월에 까맣게 익는다.

대구 도심에서 가까운 달성군 옥포읍 교항리와 경북 경산시 자인면 계정 숲의 이팝나무 군락지가 있다. 달성 교항리 이팝나무 군락지는 마을 평탄한 구릉지 숲에 수령이 300년이 넘는 나무를 비롯하여 이팝나무 수십 그루가 무리를 이룬 풍치림이다.

꽃 피는 5월 초에 멀리서 이곳을 바라보면 숲 전제가 흰 구름이 떠있는 모양새다. 옛날 마을 사람들이 숲을 해치는 사람에게는 백미 한 말씩 벌금을 물려 나무를 보호해 왔다는 이야기가 전해진다. 이런 연유로 달성군은 군목을 은행나무에서 이팝나무로 바꿨다.

가난한 효자 나무꾼 전설

옛날 가난한 나무꾼이 어머니를 모시고 살았다. 오랫동안 병을 앓아서 식사도 잘하지 못하고 누워서 지낼 수밖에 없었던 어머니는 어느 날 아들에게 "애야, 흰 쌀밥이 먹고 싶구나!"라고 말했다. 식사를 하겠다는 어머니 말에 너무 반가워서 부엌으로 나왔다. 하지만 나무꾼은 쌀독에 쌀이 조금밖에 남지 않은 걸 보고 이런 궁리 저런 궁리 끝에 좋은 생각 하나를 떠올렸다. 마당에 있는 큰 나무에 올라가 하얀 꽃을 듬뿍 따서 자기 밥그릇에 수북하게 담고, 어머니 밥그릇에는 쌀밥을 담아 들고 갔다. "흰 쌀밥이 먹음직스럽구나." 오랫동안 병석에 누워 지내던 어머니는 오랜만에 흰 쌀밥을 맛있게 먹었다. 흰 꽃밥을 먹으면서도 어머니가 오랜만에 맛있게 식사하며 만족해하시는 걸 본 나무꾼은 너무 기뻐 큰 소리로 웃었고, 아들이 웃자 어머니도 덩달아 웃었다. 마침 그곳을 지나던 임금이 가난한 나무꾼 집에서 모자의 웃음소리가 들려오자 그 연유를 알아 오게 했다. 사연을 전해 들은 임금은 크게 감동하여 나무꾼에게 큰 상을 내렸다. 이 일이 세상에 알려지자 사람들은 그 나무를 '이밥나무'라고 부르게 되었다.

다른 지역의 이팝나무에는 배고픔과 관련된 슬픈 전설이 많은데 달성군에 전해지는 이 구전 설화는 효(孝)와 관련된 해피엔딩이다. 가난하지만 어머니를 잘 봉양하는 효자를 귀감으로 삼자는 교훈이자 선행을 권하는 유교사회의 덕목이 담겼다.

농사 풍년 흉년 예측하는 기상목(氣象木)

이팝나무 이름에 관한 설명 가운데 여름에 들어서는 입하 무렵에 꽃이 피기 때문에 입하목(立夏木)이라고 불렀는데 입하의 발음이 이팝으로 변했다는 주장도 있다. 실제로 전라북도 일부 지방에서는 이팝나무를 오늘날도 입하목으로 부른다.

특히 우리나라에서 이팝나무는 한 해의 풍년을 점치는 기상목(氣象木)으로 알려져 있다. 흰 꽃이 많이 피는 해는 풍년이, 꽃이 많이 피지 않은 해는 흉년이 든다고 믿었다.

옛날 수리시설이 발달하지 못했기 때문에 볍씨를 뿌려 못자리를 만들거나 모를 무논에 옮겨 심는 모내기 철에 물이 풍부하면

가을에 이팝나무 열매가 까맣게 익어가고 있다.
(2019. 10.)

풍년이 들고 물이 부족한 가뭄이면 흉년이 들기 마련이다.

습기를 좋아하는 이팝나무가 꽃 필 무렵 모내기를 하는데 땅에 수분이 충분하면 꽃이 활짝 피고, 수분이 부족하면 꽃을 제대로 피울 수 없기에 사람들은 이팝나무의 꽃 핀 상태를 보고 그해 농사에 필요한 강수를 예측과 풍년 여부를 짐작했다.

기상목에 관한 전설에는 우리 선조들이 나무 하나를 보더라도 예사로 보지 않는 생활의 슬기가 담겨있다.

스토리가 있는 이팝나무

2020년에는 경북 포항 흥해향교 이팝나무 군락이 천연기념물로 지정됐다. 흥해읍 마산사거리 못 미치는 오른쪽 구릉에 흥해향교가 있다. 해마다 5월이면 활짝 핀 하얀 꽃이 향교 주변과 잘 어울려 경관을 아름답게 꾸며준다. 원래 경상북도 기념물인 의창읍 이팝나무 군락이 식물학적 자료로서의 가치가 인정돼 문화재청(현 국가유산청)이 포항 흥해향교 이팝나무 군락으로 이름을 바꿔 천연기념물로 지정했다.

흥해향교 이팝나무 군락은 향교를 세운 기념으로 심은 이팝나무의 씨가 퍼져 형성된 군락이라고 전해지기도 하고, 옛날 주역을 습득한 선비들이 전쟁을 예측하고 급할 때 무기를 만들기 위해 심었다는 설(說)도 있다. 향교 주변에 자라는 이팝나무 노거수 20여 그루는 사람 가슴높이 둘레가 평균 2m 넘고, 높이도 평균 12m가 넘는다.

이팝나무가 나오는 우리 고전은 흔하지 않다. 존재감이 미미하거나 생활에 널리 쓰이지 않아서 그럴 것으로 생각된다. 다만 고전소설『흥부전』에서 이팝나무가 소환된다.

하얀 쌀밥이 이팝나무만큼이나 쏟아졌다. 스물다섯 놈 새끼들이 달려들어 퍼먹고 배가 남산만큼이나 커졌다.

배고픔에 시달리던 흥부가 첫 번째 박을 타니 나온 게 쌀밥이었다. '밥 굶기가 다반사'인 식구들이 최고 소망하던 배고픔에서 벗

이팝나무 노거수 대구 달성군 옥포읍 교항리(2021.)

어나는 일이 눈앞에서 벌어졌다. 쌀밥을 처음 본 흥부의 흥분한 마음을 이팝나무에 빗댔다.

　도심 가로수나 공원, 고속도로 IC 주변에 조경수로 심은 이팝나무의 꽃이 고봉으로 피는 계절이다. 단군 이래 가장 부유하고 풍족한 시대에 살고 있는 지금 보릿고개를 느끼는 사람이 거의 없다 해도 우리 사회 그늘진 곳에서 주린 배를 움켜쥐는 사람, 가난하지만 사회복지 혜택조차 받지 못하는 처지도 있을 것이다. 하얀 꽃이 만발한 이팝나무를 보며 쌀밥의 희망을 품었던 5월에 어려운 이웃이 있다면 기꺼이 사랑의 손길을 내밀면 어떨까.

도심에 우뚝 선 현제명나무

　대구 중구 동산동 제일교회 마당 북쪽, 신명고등학교 교정 못 미치는 언덕에 도심에서 보기 드문 수령 200년이 훨씬 넘는 이팝나무 두 그루가 우뚝 서 있다. 이른바 현제명나무로 불리는 이 나무는 우리나라 대표적인 작곡가이자 음악교육자인 현제명이 대구 계성학교 재학 때 등하교하던 길옆에 서 있다. 그가 이 나무 아래서 음악적 감수성을 키웠다고 여겨서 대구시가 보호수로 지정하고 명명했다.

　중구 종로의 가로수는 도심 속 이팝나무로 장관을 이룬다.

　수성구 고모동에 자생하는 수령 340년의 이팝나무 네 그루는 옛 고모역 자리에서 약 50여 m에 있다. 높이 약 5~8m, 가슴높이 둘레 3~4m 정도 덩치다. 5~6월 즈음 하얀 꽃이 피면 푸른 나무 전체에 흰 눈이 수북 쌓인 것처럼 장관을 이룬다. 그 곁에 최근에 심은 어린 이팝나무 열 그루가 있다.

　수성구 욱수동 이팝나무는 욱수동 마을에서 해방 전부터 수호신으로 모셔진 당산목이다. 수령은 약 150년으로 추정되며 정월대보름에 대구시 무형문화재인 욱수농악에서 주관하여 한 해의 안녕과 기복을 위한 동제를 지낸다.

대구제일교회 북쪽 언덕에 자리 잡은 현제명나무
대구 중구 동산동 (2021. 4.)

범어공원 능선에 아까시나무 꽃송이들이 가지마다 주렁주렁 매달려 있다.
대구 수성구 범어동(2020. 5.)

아까시나무

_____

아카시아가 아닙니다

아까시나무를 개량한 꽃아까시나무
경북 안동(2021. 5.)

동구 밖 과수원길 아카시아꽃이 활짝 폈네
하이얀 꽃 이파리 눈송이처럼 날리네~

우리에게 아련한 고향의 모습을 그대로 살려주는 동요 '과수원길' 가사에 아카시아나무는 '하이얀 꽃 이파리'와 등장해 향수를 불러일으킨다. 뭇 봄꽃들의 잔치가 시들해지는 5월 도시 변두리나 야산에 나가면 산들바람 타고 진한 향기를 내뿜는 꽃을 주렁주렁 매단 나무가 바로 아까시나무다.

1990년대까지 아까시나무는 아카시아나무라고 불렀다. 이후 아까시나무로 새 이름을 만들어 표준어로 삼았지만 아직도 아카시아로 부르는 사람이 많아서 국립국어원의 표준대사전에도 아카시아를 찾으면 "아카시아(acacia) 「명사」 '아까시나무'를 일상적으로 이르는 말"로 나와 있고 아까시나무에서 채집한 꿀 이름도 아까시꿀이 아니라 아카시아꿀로 굳어져 버렸다.

왜 아카시아나무로 불렀나

아까시나무를 왜 아카시아나무로 부르게 됐을까? 미국이 고향인 아까시나무는 19세기 말 우리나라에 도입됐다. 일제강점기에 산림녹화와 목재, 땔감으로 이용하기 위해 본격적으로 산에 심어질 때 일본말로 니세아카시아(ニセアカシア) 즉 가짜아카시아라는 이름으로 보급됐다. 옛날이나 지금이나 긴말을 줄여 쓰다 보니 가짜라는 뜻의 니세(贋)를 떼버리고 아카시아라고 불러왔다. 문제는 아까시나무와 다른 진짜 아카시아가 존재하므로 이름에 혼란을 초래했다.

아까시나무의 학명은 로비니아 슈도아카시아(*Robinia pseudoacacia*)다. 프랑스 원예가 로빈이 신대륙에서 아카시아와 비슷한 나무를 유럽으로 가져왔는데 스웨덴 식물학자 칼 폰 린네가 그의 이름을 따서 속명을 로비니아로 했다. 종소명은 아카시아를 닮았다는 뜻의 슈도아카시아라고 붙였다. 학명으로 풀어볼 때 '로빈이 가져온 가짜 아카시아나무'이지만 우리나라에 들어오면서 학명에서 '가짜, 모조'라는 의미인 슈도(pseudo)를 빼버리고 그냥 아카시아(acacia)로 부르게 된 모양새다.

진짜 아카시아나무는 열대성 상록수로 TV 프로그램 '동물의 왕국'에 나오는 기린이 잎을 먹는 키가 큰 나무다. 우리나라에서는 볼 수 없는, 아카시아라는 다른 나무가 엄연히 있는데도 표준어가

바뀌기 전까지 아까시나무를 아카시아로 불렀다. 지금부터라도 아까시나무의 이름을 제대로 불러주면 나무의 정체성을 살릴 수 있고 사람들도 헷갈리지 않을 것이다.

다양한 쓰임새가 있는 귀화식물

아까시나무가 이 땅에 본격적으로 뿌리를 내린 시기는 6·25 전쟁이 끝난 후다. 전쟁으로 헐벗은 산하의 산림녹화를 위해 대량으로 심어져 사방조림(砂防造林) 사업의 성공에 큰 역할을 했다. 새싹이 잘 트고, 추위나 소금기에도 견디는 힘이 강한 콩과식물로 황폐해진 민둥산에서도 뿌리를 잘 내렸다. 가지를 잘라 버려도 금세 자랄 만큼 강인한 생명력을 자랑하며 아무 데서나 무럭무럭 자랐다. 2~3년만 지나면 땔감으로 베어 쓸 수 있고 또 달콤한 꽃향기와 꿀을 선물했다.

요즘에야 가스나 전기로 요리와 난방을 하지만 땔감에 의존하던 시절에는 아까시나무의 화력이 좋아 농가에서 요긴하게 쓰였다. 이런 까닭에 한때 우리나라에 심은 전체 나무의 10%를 차지할 정도였으니 여름이 오기 전에 야산이나 하천 제방, 마을 부근의 언덕에서 어린이 주먹보다 더 큼지막한 우윳빛 꽃송이에 달콤한 향기로 벌뿐만 아니라 아이들도 유혹하는 바람에 친근하게 느껴질 수밖에 없다. 더구나 허기가 들 때 지천에 있는 꽃을 한 움큼 씹으면 달짝지근한 맛과 향이 입안에 가득 채워졌다.

아까시나무는 꽃가루는 적지만 꿀이 풍부해 훌륭한 밀원(蜜源)

국내 대표적인 밀원식물인 아까시나무의 꽃송이가 풍성하다.
대구 수성구 황금동(2020. 5.)

식물이다. 꽃에서 나오는 꿀은 향기롭고 부드러우며 엷은 색을 띠고 있지만 투명에 가깝고 과당이 훨씬 풍부해 인기가 높다.

아까시꽃이 실바람에 일렁이면 양봉업자들은 꽃이 피는 시기에 맞춰 남쪽에서부터 휴전선 부근 북쪽까지 벌통을 싣고 이동하며 꿀을 모은다. 국내 꿀 생산량의 70%가량을 아까시나무에 의존한다.

양봉 특구인 칠곡군에는 예전부터 곳곳에 아까시나무가 울창했다. 신동재 부근에는 양봉 농가들이 가져다 놓은 벌통 수백 개가 즐비했다. 몇 해 전부터 양봉 농가들은 벌들이 급격하게 줄어들어 고민이다. 겨울을 나고 보니 벌들이 집단으로 사라지는 현상이 전국에서 발생하고 있지만 원인을 아직 규명하지 못해 더욱더 애가 탄다고 한다. 이상기온과 대기오염, 소나무재선충 약제 방제 등을 원인으로 추정하고 있지만 정확한 원인은 밝혀지지 않았다.

눈엣가시 아까시나무

양봉하는 사람을 제외하면 우리나라 어른들은 아까시나무를 크게 반기지 않는다.

콩과식물인 아까시나무 뿌리에는 공기 중의 질소를 이용할 수 있는 뿌리혹박테리아가 공생한다. 그래서 다른 나무가 잘 자라지 못하는 메마른 민둥산에도 살아갈 수 있다. 헐벗은 산이 많던 시절에 산림녹화를 위해 선택된 나무가 아까시나무일 뿐이다. 그때가 공교롭게도 일제강점기라서 일제가 못된 의도로 심었다는 억

측을 낳았다. 토종나무를 죽인다는 이야기도 잘못 알려진 속설이다. 대체로 20~30년 왕성하게 자라면 급격하게 성장이 둔화하고 주변 나무에 자리를 내준다.

아까시나무를 싫어하는 또 다른 이유는 조상의 산소를 침범하는 행실 탓이다. 조상 숭배 사상이 강한 어른들의 정서로 볼 때 용납 못 할 일이다. 청명·한식이나 벌초 때 아까시나무를 제거하려고 고독성 제초제를 치는 경우가 많다. 햇빛을 좋아해서 널찍한 공간을 확보하다 보니 하늘이 확 트인 산소 주변으로 자꾸 뿌리를 뻗게 된다. 산소를 돌보는 후손들은 묘를 지키기 위해 나무를 자꾸 베어내고, 나무는 살려고 악착같이 많은 뿌리를 사방으로 확장해 가히 전쟁을 치른다.

아까시나무는 높이가 25m 정도까지 자란다. 가는 줄기에는 쌍을 이루며 자라는 가시가 있다. 손으로 누르면 잘 떨어지는데 이는 턱잎(껍질)이 변해서 가시가 된 것이다. 잎은 회화나무 잎과 닮은 홀수깃꼴겹잎이다. 어린 시절 가위바위보를 해서 이긴 사람이 작은 잎을 하나씩 따서 모든 잎을 먼저 떼어내면 이기는 놀이를 누구나 한 번쯤 즐겼던 적이 있을 것이다.

경북의 100년 노거수

아까시나무의 수명은 길어야 70~80년이다. 자라는 속도가 빠른 나무는 뿌리가 깊게 내리지 않아 수령이 50년 정도 되면 제 무게를 이기지 못해 강한 비바람이 불면 쉽게 쓰러진다. 오래된 나무를 흔하게 볼 수 없는 까닭이다.

경북에는 한 세기를 거뜬하게 버틴 아까시나무가 지금도 싱싱하게 살고 있다. 성주군 월항면 지방리 한적한 도로 옆에는 우리나라에서 가장 오래된 것으로 추정되는 아까시나무가 자란다. 표석에 보호수로 지정된 1991년의 수령이 90년으로 적혀 있는 걸로 미뤄볼 때 지금 나이는 120년이 넘는 것으로 추정된다. 높이는 16m, 사람 가슴높이 둘레가 3.6m 정도, 둥치 둘레가 6m에 이르는 거목이다.

또 다른 나무는 상주시 공성면 평천리 옥산초등학교 교정에 있는 아까시나무로 높이 20m에 달하며 향기 진한 꽃을 피운다. 보호수로 지정된 2005년에 나무의 수령이 100년이니 한 세기를 넘게 생명을 지탱해 온 노거수다. 2015년 산림청 국립산림과학원이 서울 광릉숲에서 일제강점기에 심은 130여 그루의 거대한 아까시나무 군락을 찾아내기 전까지 경북의 두 나무는 우리나라에서 가장 오래된 아까시나무로 인정받았다.

'과수원길'보다 더 오래된 동요 '고향땅'에도 '아카시아 흰 꽃이' 바람에 날리는 고향 풍경이 나온다. 예전에는 아카시아 흰 꽃이 바람에 날렸지만 지금은 아까시나무 흰 꽃이 바람에 날린다.

요즘 붉은 꽃이 피는 원예종 꽃아까시나무가 인기다. 아까시나무 가문이라 번식력이 뛰어나고 몇 년 후엔 나무가 여기저기에서 마구 자랄 수 있기 때문에 나중에 나무를 제거하는 수고를 하지 않으려면 심을 장소를 신중히 선택해야 한다. 꽃이 희든 붉든 아까시나무의 성질은 한결같다.

결이 조금 다른 이야기지만 이름을 제대로 불러줘야 하는 이유는 공자의 정명(正名)사상에서 찾을 수 있다. "정치를 하신다면 무엇을 맨 먼저 하시겠습니까?"라는 제자 자로(子路)의 물음에 공자는 "반드시 이름을 바로 하겠노라!(必也正名乎)"고 말했다.『논어』의「자로」편에 정명의 당위성을 논리정연하게 설명했다.

이름이 바르지 않으면, 말이 이치에 맞지 않고, 말이 이치에 맞지 않으면 일을 성취할 수 없고, 일을 성취할 수 없으면 예악이 흥성하지 못하며, 예악이 흥성하지 못하면 형벌이 실정과 어긋나게 되며, 형벌이 실정과 어긋나면 백성들이 손발을 둘 곳이 없게 된다. 그러므로 군자의 말에는 구차함이 없어야 한다.(名不正則言不順, 言不順則事不成, 事不成則禮樂不興, 禮樂不興則刑罰不中, 刑罰不中則民無所措手足. 君子於其言無所苟而已矣.)

아까시나무 이름을 제대로 불러야 하는 이유가 너무 장황했나.

청라언덕의 수십 년 묵은 아까시나무들   대구 중구 동산동(2024. 10.)

국내에서 가장 일찍 꽃이 피는 대구

전국에서 아까시꽃이 가장 먼저 피는 지역이 대구다. 2024년 산림청 국립산림과학원이 발표한 '봄철 꽃나무 개화 시기 예측지도'에 따르면 대구는 여수와 함께 5월 4일로 전국에서 가장 빨리 아까시꽃이 피었다. 이는 제주도 5월 5일보다도 하루 빨랐다. 산림과학원의 꽃나무 개화 시기 예측은 적산(積算)온도 데이터를 기초로 전국 국공립수목원을 거점으로 측정한다.

적산온도는 식물의 생육에 필요한 총열량을 나타내는 지표다. 식물은 성장할 수 있는 최저온도 이상의 기온이 일정량 넘게 모여야 성숙되고 꽃이 핀다. 국립수목원과 서울대 환경대학원이 10년간 꽃 피는 시기를 분석한 자료에 따르면 기온이 1도 오를 때마다 아까시나무와 왕벚나무의 개화 시기는 4일, 진달래와 철쭉은 6일 빨라진 것으로 나타났다.

2010년 실제 개화 조사에서도 우리나라에서 아까시꽃이 가장 빨리 피는 곳은 대구와 밀양으로 나타났다. 다른 지역보다 밀양과 대구는 6~8일 정도 빨리 피었는데 특히, 봄철 기온이 평년 수준이었던 2007년에는 오히려 전국 평균보다 10일 이상 개화가 당겨졌다.

우리나라에서 가장 오래된 이 아까시나무의 수령은 120년으로 추정된다.
경북 성주군 지방리(2021. 5.)

봄春
━━━
백화경염 百花競艶
뭇 꽃들 경쟁

겨울冬
━━━
독야청정 獨也靑靑
홀로 선 나무

여름夏
━━━
화양연화 花樣年華
신록의 잔치

가을秋
━━━
감홍난자 酣紅爛紫
화려한 결실

'뽕나무골목'의 뽕나무들 대구 중구 계산동(2021. 8.)

뽕나무

인류에게 비단 선물

뽕나무 꽃봉오리
대구 수성구 범어공원(2020. 4.)

뽕나무 잎으로 누에를 치고 누에가 만든 누에고치에서 명주실을 뽑아 비단 옷감을 짜는 일은 농경시대의 중요한 산업이었다. 비단은 화학섬유가 개발되어 널리 보급되기 전에 인류가 만들어 낸 옷감 중에서 동서고금을 막론하고 최고의 찬사를 받았다. 중국에서 비단이 유럽으로 전해질 때 생긴 교역로가 바로 비단길이다. 19세기 말 독일 지리학자이자 지질학자 리히트호펜(Ferdinand von Richthofen, 1833~1905)이 이름을 지은 실크로드는 비단이 동양은 물론이고 서양 사람들의 마음을 쏙 빼앗은 대표적 교역 물목임을 반증하는 역사적 용어다. 인류 문명 의식주(衣食住)의 한 축을 비단이 감당함으로써 양잠이 늘어나고 뽕나무의 수요도 자연스럽게 증가하여 재배 기술이 발달했다.

기묘사화의 단초는 뽕나무 잎(?)

조선시대 중종(1506~1544) 14년인 1519년 11월 궁궐 안에서 발견된 나뭇잎 한 장 때문에 궁중이 발칵 뒤집혔고, 피바람이 몰아친 기묘사화(己卯士禍)의 사단이 됐다. 사림파의 급진적인 개혁에 불안을 느낀 훈구파가 조광조를 따르는 신진 개혁세력을 몰아낸 사건이다. 나뭇잎에 과일 즙을 발라 벌레로 하여금 走肖爲王(주초위왕) 네 글자를 따라 갉아 먹게 하고는 역모로 조작했다.

중종실록에는 기묘사화에 대한 기록이 없고 『선조실록』에 있는 「중종실록에 누락된 남곤 등이 조광조를 모해한 전말」의 내용은 다음과 같다.

당초에 남곤이 조광조 등에게 교류를 청하였으나 조광조 등이 허락하지 않자 남곤은 유감을 품고서 조광조 등을 죽이려고 하였다. 이리하여 나뭇잎의 감즙(甘汁)을 갉아 먹는 벌레를 잡아 모으고 꿀로 나뭇잎에다 '走肖爲王(주초위왕)' 네 글자를 많이 쓰고서 벌레를 놓아 갉아먹게 하기를 마치 한(漢)나라 공손(公孫)인 병이(病己)의 일처럼 자연적으로 생긴 것같이 하였다. 남곤의 집이 백악산(白岳山) 아래 경복궁 뒤에 있었는데 자기 집에서 벌레가 갉아먹은 나뭇잎을 물에 띄워 대궐 안의 어구(御溝)에 흘려보내어 중종이 보고 매우 놀라게 하고서 고변(告變)하여 화를 조성하였다. 이 일은 『중종실록』에 누락된 것이 있기 때문에 여기에 대략 기록하였다.

(當初袞求交於趙光祖等, 光祖等不許. 袞積憾, 欲殺光祖等, 求得木葉上食甘之蟲, 以蜜多書走肖爲王四字於木葉上, 放蟲而使之食, 如漢公孫病己之事, 有若天成者然. 袞家在白岳山下景福宮後, 自其家泛

뽕나무 열매 오디가 익어가고 있다. 대구 수성구 황금동(2020. 5.)

水, 而流送於闕內御溝, 使中廟見而大驚. 因告變以成其禍, 中廟實錄
或爲遺漏, 故於此略爲載錄.)

- 『선조실록』 1년(1568) 9월 21일

왕조실록에는 '주초위왕'이 새겨진 나뭇잎에 대한 구체적인 정
보나 나무 이름은 나와 있지 않다. 다만 기묘사화와 관련된 전기
와 내용을 수록한 『기묘록속집(己卯錄續集)』의 「구화사적(構禍事
蹟)」에는 다음과 같이 기록돼 있다.

(달콤한 즙으로) '주초가 왕이 된다(走肖爲王)'는 네 글자를 궁중의 동산
에 있는 나뭇잎 위에 써 놓게 하였다. 혹은 뽕나무라고 한다. 그래서 산
벌레가 갉아먹어 자국이 나니 도참(圖讖)의 글과 비슷하게 되었다.(寫走
肖爲王四字於禁園木葉上 或言桑木 山蟲剝食成痕 有似讖文.)

당시 궁궐에도 뽕나무를 심었기 때문에 전혀 생뚱맞지 않다. 나뭇잎 한 장이 역사를 바꿔놓은 셈이다.

그러나 일부에서는 이마저 부정한다. 복잡한 한자 走肖爲王을 쓰려면 나뭇잎이 넓어야 함을 전제하고 추정하다 보니 오동나무라고 주장하기도 한다. 그러나 오동나무 잎에는 독성이 있어 벌레가 잘 끼지 않아 그러한 주장이 역사적 사건과는 한참 멀어 보인다.

한편으로 인하대학교 민경진 생명과학과 교수 연구팀은 기묘사화의 발단이 된 주초위왕 사건이 역사적 사실이 아닐 가능성이 크다는 내용의 연구결과를 발표했다. 2015년 5월부터 7월까지 서울 관악산 일대에서 나뭇잎 뒷면에 임금 왕(王) 자를 써두고 곤충의 섭식 여부를 조사했지만, 벌레가 먹은 나뭇잎은 발견되지 않았다는 것을 근거로 제시했다. 왕조시대 정치적 변혁기의 암투에 과학의 잣대로 검증하는 게 무리 아닌가.

뽕나무와 양잠에 얽힌 청사(靑史)

중국에서는 전설적인 삼황오제(三皇五帝) 때 황제(黃帝)의 부인이자 서릉씨(西陵氏)의 딸인 누조황후가 비단을 최초로 만들었다고 전해지며 그녀를 비단의 신으로 모신다. 상고시대 전설을 소환해야 하는 비단의 역사에는 반드시 뽕나무가 등장한다. 고치를 생산하는 누에가 뽕나무 잎만 먹기 때문이다.

우리나라에서도 일찍이 삼한시대부터 뽕나무 가꾸기를 장려한 기록이 문헌에서 확인되기도 하고, 신라시대나 고려시대에도 양잠을 장려했다고 한다. 양잠(養蠶)은 누에를 치는 일을 말하며 잠(蠶)은 누에를 뜻하고 잠실(蠶室)은 누에를 기르는 방을 가리킨다. 조선시대에는 나라에서 의무적으로 뽕나무를 심게 했는데 서울의 잠실은 조선시대 이곳에 뽕나무를 심고 양잠을 장려해서 생긴 지명이다. 지금은 대한민국 수도의 번화가로 변해 그야말로 상전벽해(桑田碧海)를 실감한다.

중국 역사에 양잠이나 뽕나무와 관련된 이야기가 심심찮게 등장한다. 한나라 때 사마천(기원전 145~기원전 86)이 쓴 역사책 『사기(史記)』의 다른 이름은 잠서(蠶書)다. 사마천은 남성의 생식기를 거세당하는 궁형(宮刑)이라는 형벌을 받아 잠실에 보내져 울분을 토하며 사기를 집필했기 때문이다. 옛날 중국에서는 환관이 되기 위해 거세 수술을 받고 잠실같이 어둡고 조용한 방에서 상처가 아물 때까지 지내는데 이를 하잠실(下蠶室) 즉 '잠실로 내려 보낸다'고 했다.

또 나관중이 쓴 소설 『삼국지연의』에 나오는 주인공 유비 현덕이 태어난 탁현의 누상촌(樓桑村)의 집 울타리 옆에도 큰 뽕나무가 있었다고 한다. 탁현은 지금 허베이(河北)성 쥐저우(涿州)시이다.

삼백(三白)의 고장 상주 천연기념물

신라시대부터 양잠산업의 중심지였던 경북 상주시는 쌀, 곶감과 더불어 누에고치가 많이 생산돼 '삼백(三白)의 고장'이라고 불

'뽕나무골목'에 무성하게 자라는 뽕나무.
임진왜란과 정유재란 때 조선을 도우러 왔던 명나라 장수 두사충이 조선에 귀화한 뒤
계산동 주변에 뽕나무를 많이 심어 '뽕나무골목'이라고 불렀다.
대구 중구(2021. 8.)

렸지만 우리나라 다른 농촌과 마찬가지로 양잠업도 쇠퇴하여 양잠농가는 손가락으로 꼽을 정도로 줄었다. 그나마 경북잠사곤충사업장이 상주에 자리잡고 있어 전국에서 유일하게 누에고치를 수매해 명주실을 생산하지만 겨우 명맥만 이어가는 수준이다.

상주 곳곳에는 아직도 뽕나무가 많이 재배되고 있다. 특히 상주시 은척면 두곡리에는 천연기념물로 지정된 뽕나무가 있다. 나이는 300년 정도로 추정되며, 높이는 12m나 되는 거목이다. 뽕나무로서 보기 드물게 아름다운 수형을 유지하고 매년 많은 양의 오디가 열릴 정도로 수세도 양호했으나 최근 일부 가지가 부러지고 찢어져 나무를 보호하는 차원에서 가지를 솎아냈다. 양잠이 성행하던 시절 주변은 온통 뽕밭이었으나 양잠이 사양길로 접어들자 뽕나무를 베어 내고 다른 작물을 키우는 바람에 천연기념물로 지정된 뽕나무가 덩그러니 남아 상주의 오랜 양잠 역사를 입증하고 있다.

뽕나무는 낙엽활엽교목으로 키가 10m 넘게 자라지만 국내에서 재배되는 뽕나무는 관목처럼 나지막한데 오디를 따거나 뽕잎을 거두는 일을 보다 쉽게 하도록 가지를 자주 잘라주었기 때문이다. 최근에는 뽕나무 재배 용도를 크게 두 가지로 나눌 수 있는데 전통적인 양잠과 식용 오디 생산이다. 이 중에서 오디 생산용 뽕나무의 재배면적이 더 넓다. 가성비 좋은 화학섬유에 밀려 비단의 수요가 예전 같지 않아서 농가에서 누에를 치기보다 대부분 오디를 수확해 팔아서 소득을 얻는다.

뽕에 얽힌 홍사(紅史)

1980년대까지만 해도 농촌에서 양잠은 아주 요긴한 농가 소득원이었다. 누에를 기르기 위해서 먹이가 모자라지 않게 밭에서 밤낮 없이 싱싱한 뽕잎이 달린 가지를 베어 와서 잠실에 넣어준다. 그 무렵 뽕나무 잎이 무성해지면 마을 처녀와 총각들은 남의 눈을 피하며 뽕나무 밭에서 밀회를 즐겼다. '임도 보고 뽕도 따고'라는 속담처럼 뽕잎 따는 바쁜 철에 뽕나무밭은 청춘 남녀가 눈 맞추기 좋은 일종의 해방구였다.

뽕나무를 소재로 하거나 뽕밭에서 벌어지는 은밀한 남녀상열지사는 문학 작품의 좋은 소재다. 1920년대 나도향이 지은 소설 『뽕』이 대표적이다. 1980년대에 이두용 감독은 이 소설을 영화로 만들었다. 배우 이미숙이 주연을 맡아 열연한 영화 '뽕'은 토속적 에로티시즘을 표방하며 당시 선정적이고 자극적인 앵글과 제목으로 눈길을 끌어 흥행에 성공했다.

우리나라뿐만 아니라 중국에서도 남녀가 뽕나무 밭에서 청춘들의 만남이 잦았던 모양이다. 남의 눈을 피해 몰래 만나는 일을 상중(桑中) 혹은 상간(桑間)이라 했다.

입놀림 조심하라는 신상구

쓸데없는 입놀림을 삼가라는 뜻으로 충고할 때 뽕나무와 관련된 고사 座中談笑慎桑龜(좌중담소신상구)라는 말을 쓴다. 쓸데없는 말과 어리석은 자랑 탓에 거북과 뽕나무는 목숨을 잃었다. 웃고 즐기더라도 설화(舌禍)나 구설(口舌)을 경계하라는 교훈이다.

우암 송시열(宋時烈, 1607~1689)이 지금의 포항시 장기(長鬐)면으로 귀양지를 옮기는 도중에 갑자기 큰비를 만나 양양(襄陽) 물치촌(勿緇村)의 정립(鄭立)이라는 양민의 집으로 갔는데 그 집 기둥에 시구가 붙어 있었다.

세 사람이 저자에 호랑이가 나왔다고 전하니 사람들이 다 믿었고

三傳市虎人皆信

한번 계모 치마 속의 벌을 잡으니 아비도 의심하더라

一掇裙蜂父亦疑

세상의 공명을 위해서는 나무와 기러기를 보아야 하고

世上功名看木鴈

좌중의 담소에는 뽕나무와 거북을 삼가라

座中談笑愼桑龜

(중략)

뽕나무와 거북의 출처는 외서(外書)에, "동해(東海)의 어떤 사람이 한 마리의 신령한 거북을 얻었는데 그 거북의 말이, '천하의 나무를 다 태워도 나를 삶아 죽일 수 없을 것이다.'고 하자, 이를 들은 어느 도인의 말이, '아무 곳에 있는 마른 뽕나무로 삶아도 죽지 않으랴.'고 하였다. 거북이 이 말을 듣고 곧 머리를 떨구고 눈물을 흘렸다."고 하였네. 오늘날 좌중에서 한가하게 담소하는 데 있어서도 경계할 줄 알아야 하겠으나 나 같은 사람이야 이미 솥에 든 고기가 되었으니 털을 태워도 곧 익어 문들어지게 되었네. 어찌 뽕나무까지 쓸 필요가 있겠는가.

ー「송자대전」 제51권, 「김연지에게 보내는 답장」

109

송시열은 자신을 "이미 솥에 든 고기"로 비유한다. "어찌 뽕나무까지 쓸 필요가 있겠는가."라는 말에는 체념이 짙게 배어있다. 정쟁에 휘말려 왕의 의심을 받고 다른 귀양지로 옮겨가면서 불행한 앞날을 예견했다.

영국의 정원사들은 뽕나무를 지혜의 나무라고 부른다. 봄에 나무 중에서 가장 늦게 새 잎을 내놓기 때문에 뽕나무를 보고 추위가 사라졌다며 믿고 씨를 뿌린다. 뽕나무의 꽃말이 '지혜'로 된 이유다.

집에서 재배하는 뽕나무의 한자는 상(桑)이고 산에서 자라는 산뽕나무는 자(柘), 열매인 오디는 상심(桑椹)이다. 그렇다면 우리말인 '뽕나무'는 어디서 나왔을까? 다양한 나무 이름을 엮어가는 '나무타령'의 한 대목을 보면 방귀 소리에서 나왔을 수도 있다는 생각이 든다.

…
십리 절반 오리나무
아흔 아홉 백양나무
방귀 뀌는 뽕나무
바람 솔솔 소나무
…

『동의보감』에 따르면 오디를 많이 먹으면 위의 소화기능을 촉진시키고 배변을 순조롭게 해준다고 나온다. '뽕' 하는 방귀 소리를 연상해서 뽕나무라고 부르게 됐다는 게 그럴듯하다.

임진왜란 때 조선을 도우려고 왔던 명나라 장수 두사충(杜師忠)은 진지와 병영 터를 고르는 풍수가였다. 전쟁이 끝나자 조선에 망명하여 지금의 경상감영공원 자리에 터를 잡았다. 처음 거주지를 잡은 곳에 경상감영이 들어서게 되자 감영 바로 아래쪽 계산동(계산성당 인근)으로 거주지를 옮긴 뒤 식솔들의 생계를 위해 일대에 뽕나무를 많이 심었다. 두사충은 대구 두릉 두씨의 시조가 됐고 뽕나무골목은 세거지가 됐다. 현재 계산성당 후문 출구 쪽 담장에는 옛날 뽕나무골목임을 상징하는 처진 뽕나무 여러 그루가 무성하게 자라고 있다.

두사충은 이순신 장군과도 교분을 쌓았다. 이순신 장군이 지어준 「봉정두복야(奉呈杜僕射)」라는 한시는 모명재(수성구 만촌동)의 주련으로 걸려 있다. 두사충은 이순신 장군이 전사하자 묏자리를 직접 봐주었다고 한다.

'뽕나무골목'의 조형물 대구 중구 계산동(2024. 3.)

하목정 뒤란에는 수백 년 된 배롱나무가 여름 내내 화사하게 수놓는다.
대구 달성군 하빈면(2020. 8.)

배롱나무

화무십일홍이 무색하다

옛 선교사 주택 뜰 대구 중구 동산동(2022. 7.)

한여름의 이글거리는 햇살에도 지칠 줄 모르고 선홍색 꽃이 만발하는 나무가 바로 배롱나무다. 6월 중순을 넘기면 본격적인 여름더위가 찾아온다. 도심 공원이나 길가에 심어진 배롱나무의 가지 끝에는 붉은 꽃이 한 뭉치, 두 뭉치 모습을 살짝 선보이기 시작한다. 7월 긴 역대급 장맛비에 꽃잎이 모두 떨어지는 듯해도 땡볕 쨍쨍 내리쬐면 다시 화려한 존재감을 드러내는 꽃이 백일홍이다.

열흘을 붉게 피는 꽃이 없다지만 100일 동안 피고 지기를 반복하며 여름을 나는 배롱나무꽃을 백일홍이라 부른다.

달력조차 귀했던 옛날에 할머니들이 "저 꽃이 피었다 모두 지면 쌀밥을 먹을 수 있다."고 말했다. 초여름 모내기 후에 배롱나무꽃은 오랜 시간 더위에 지친 일상의 심신을 위로해 준다. 그러다가 마지막 꽃떨기가 떨어질 무렵 추수가 시작된다. 가난한 시절 배롱나무의 가을꽃이 질 무렵 햅쌀로 지은 밥을 모처럼 맛볼 수 있었다.

배롱나무의 이름은 당초에는 백일홍나무로 부르다가 배기롱나무로 변하고 현재와 같이 굳어졌다. 멕시코가 원산인 화초 백일홍과 구분하기 위해 조경 현장에서는 배롱나무을 목백일홍으로 부르며, 도종환의 시 「목백일홍」 역시 배롱나무를 말한다.

시골에서 자란 덕분에 여름이면 소를 몰고 꼴을 먹이기 위해 매일 산으로 갔다. 자주 가던 저수지 너머 골짜기에 어느 집안의 재실이 있었는데 커다란 배롱나무가 여러 그루 있었다. 우리는 바람이 자는 날이면 큰 나무 줄기를 살살 문질렀다. 그러면 나무가 흔들리는 듯했다.

배롱나무의 매끈한 나무줄기에 매미들이 눈에 띄게 많이 붙어서 큰 소리로 울면 여름도 깊어간다. 그런 날 심심하면 친구들과 어울려 배롱나무를 중심으로 진놀이나 무궁화꽃이 피었습니다, 비석치기 같은 놀이를 즐겼다. 재실의 배롱나무 그늘은 어릴 적 훌륭한 놀이터인 셈이다.

영남 서원·사찰·사당·재실의 고목

조선시대 강희안이 쓴 원예서 『양화소록』에 실린 배롱나무 설명을 보면 영남에 배롱나무가 많았음을 알 수 있다.

이 꽃을 중국 조정에서는 중서성(中書省) 안에 많이 심었기 때문에 옛날 문사(文士)들이 다 이 꽃을 두고 글을 짓고 시를 읊었으나 우리나라는 성원(省院) 안에 일찍이 이 꽃을 보지 못하였고 다만 홍약(紅藥) 두어 송이만 있을 뿐이다. 영남 근해의 여러 고을에서 마을마다 이 꽃을 많이들 심지만 기후의 차이로 오뉴월에 피었다가 7, 8월에 끝나 버린다. 비단처럼 고운 꽃이 뜰 앞에 환하게 피어 사람 눈을 자못 현혹하니 이 꽃의 풍치가 가장 화려하다. 서울의 높은 벼슬아치 집안의 정원에 이 꽃나무를 많이 심어서 높이가 한 길 남짓한 게 있더니 근래에 영북의 모진 추위로 인하여 얼어 죽어 거의 없어지다시피 되었는데 다행히 좋아하는 사람들의 보호함을 받아 겨우 10분의 1, 2쯤 살아남았다. 참으로 애석한 일이다.

중국이 고향인 배롱나무는 추위를 잘 타기 때문에 우리나라 중부 이남에서 자란다. 서울에서는 동해(凍害)를 잘 입기 때문에 난방시설이나 온실이 없던 조선시대에는 보기 힘들었다.

경북 도화 배롱나무꽃

도화(道花)가 백일홍인 경상북도에서도 사찰이나 서원에 오래된 배롱나무가 많다. 『삼국유사』에 나오는 경주 서출지와 기림사, 안동 병산서원, 상주 옥동서원과 종택의 사당 앞에는 수백 년의 세월을 이긴 배롱나무가 아름다운 꽃으로 뭇사람들의 시선을 붙잡는다.

배롱나무 붉은 자태의 백미는 유네스코 세계유산으로 등재된 병산서원이다. 선비나 유학자들이 서원 혹은 향교에 배롱나무를 심었던 이유는, 1년에 한 번씩 줄기의 껍질이 벗겨지듯이 자신을 수련하라는 뜻이 담겨 있다고 한다.

안동시 풍산읍 초입에 자리한 체화정(棣華亭)의 흐드러진 배롱나무 두 그루가 고풍스러운 한옥과 함께 연못에 비친 모습은 양반 고장의 풍류를 느끼게 하는 수채화 같다. 체화(棣華)란 형제간의

두사충 장군을 기리는 재실인 모명재 주변의 배롱나무
대구 수성구 만촌동(2023. 8.)

화목과 우애를 상징하는 말로 『시경(詩經)』에서 따왔다.

울진군 백암온천으로 가는 차로 변의 배롱나무 가로수는 이미 수십 년 전부터 널리 알려져 있다. 영덕군 달산면 옥계계곡으로 가는 길 가로수도 배롱나무다. 피서 가는 길에 붉은 배롱나무꽃을 보면 기분이 상쾌해진다.

옛 사람들이 배롱나무를 사랑한 이유는 뭘까?

석 달 열흘 이상을 붉은 꽃으로 장식하니 일편단심의 충정이 담겨 있다. 백일홍을 자미화(紫薇花)라고 불렀다. 사육신의 한 사람으로 세종대왕의 한글 창제에 큰 역할을 한 성삼문(成三問)은 백일홍에 대한 시 「난만자미(爛漫紫微)」를 지었다.

해마다 윤음(綸音) 전하는 관아에서	歲歲絲綸閣
붓 잡고 백일홍을 대했지	抽毫對紫薇
이제 와 꽃 아래서 취하노니	今來花下醉
가는 곳마다 나를 따르는 듯하네	到處似相隨

- 『성근보선생문집(成謹甫先生集)』

성삼문이 사간원에서 일하던 때에 쓴 작품이다. 조선시대 사간원은 '자미화가 핀 관아'라는 뜻에서 미원(薇垣)이라고 불렀다.

어젯밤 한 송이 지고	昨夜一花衰
오늘 아침 한 송이 피어	今朝一花開
서로 100일 바라보니	相看一百日
너와 함께 바라보며 한 잔 하리라	對爾好衡杯

- 『성근보선생문집』

성삼문의 「비해당48영(匪懈堂四十八詠)」 중에서 29번째 시 「백일홍(百日紅)」은 낭만을 읊었다.

조선 후기 유박이 쓴 원예서 『화암수록』에는 백일홍의 꽃말이 속우(俗友, 속된 벗)다. 일반적인 꽃말은 '떠나간 벗을 그리워함'이다. 옛 선비들은 서원의 백일홍을 바라보면서 다정한 벗을 추억했을지도 모른다.

오래된 절에도 배롱나무가 많다. 연유는 반질반질하고 얇은 껍질로 겨울을 나듯이 수행하는 스님들도 욕망을 훌훌 벗고 정진하라는 뜻이거나 불법(佛法)에 환한 꽃을 공양하려는 불심 때문으로 추측된다. 더운 여름 백일홍의 왕성한 생리를 시샘하고 소나무의 높은 격조를 빗댄 한시가 흥미롭다.

꽃이 아름답다 한들 열흘을 가지 못하는데	花無十日紅
너는 어찌 100일을 붉게 피나	爾獨百日紅
100일 붉다고 자랑마라	莫誇百日紅
바위 위에 천 년 푸른 소나무가 있다	巖上千年松

옥황상제 정원에 피는 꽃

『양화소록』에는 백일홍 이름에 대한 이야기도 나온다

「격물론(格物論)」에 자미화(紫薇花)를 파양화(怕痒花)라 하는데 큰 줄기가 매끄럽고 윤기가 흐르며, 높이가 한 길 넘고, 자줏빛이고 주름진 꽃잎이 예쁜 꽃받침에 바싹 들러붙고, 붉은 줄기에 잎이 맞대어 핀다.

중국에서는 옥황상제의 정원 별자리인 자미원(紫微垣)에 피는 꽃이 자미화라는 전설에서 배롱나무를 자미화라고 불렀다. 아들의 여자였던 양귀비를 사랑한 당나라 현종이 백일홍을 너무 좋아해서 백일홍이 많은 중서성 이름을 자미성으로 바꾸게 했다는 역사는 배롱나무만이 갖는 과거사다.

당나라 중기 시인 백거이(白居易)가 일찍이 중서사인(中書舍人)으로 있을 때 지은「자미화」시는 당시 정서를 엿볼 수 있다.

사륜각에서 당직을 하고 있어서 글을 쓸 수가 없어　　絲綸閣下文書靜
물시계의 물 떨어지는 소리만 들리니 시간이 정말 안 가네　鐘鼓樓中刻漏長
황혼에 홀로 앉았으니 누가 내 벗이 되어주려나　　獨坐黃昏誰是伴
자미화만이 자미랑과 서로 마주하였네　　　　　紫薇花對紫薇郎

여기서 중서성은 중국 위(魏) 대부터 명(明) 대 초기까지 존재했던 중앙 관청으로 주로 황제의 조칙(詔勅)의 입안·기초를 맡았다. 자미랑은 중서사인 벼슬의 별칭이다. 하루 문서 일을 끝낸 자미성 관리들이 한여름 밤의 무료한 마음을 담은 시를 많이 지어 백일홍은 자미성의 상징이 됐다.

중국에서는 배롱나무를 '간지럼 타는 나무'라는 뜻으로 파양수(怕癢樹)라고도 한다. 여기에서 연유하여 일본에서는 사루스베리(さるすべり) 즉 '원숭이 미끄럼 나무'라고 부른다.

가끔 호기심에 매끈한 배롱나무 줄기를 문지르거나 긁는 사람이 보인다. 그러나 나무는 신경세포가 없어 간지럼을 타지 않는다고 한다. 사람들이 간질이면 나무는 가만히 있는데 지나가는 바람에 가지나 잎이 흔들릴 뿐이다. 재미로 하는 행동이지만 엉뚱한 데 긁으면 생채기나 부스럼만 생긴다. 세상사나 나무도 마찬가지다.

배롱나무가 아름다운 대구

배롱나무꽃이 장관인 대구의 명소로는 동구 신숭겸 장군 유적지, 명나라 장수로 조선에 귀화한 두사충을 기리는 재실인 수성구의 모명재와 두사충의 묘, 달성군 현풍면 대리 현풍 곽씨 재실인 추보당과 하빈면에 있는 하목정을 손에 꼽는다. 특히 하목정의 뒤란과 불천위 사당 앞에도 수백 년의 보기 드문 아름드리나무가 자리를 지키는데 하목정의 마루 뒷문으로 바라본 풍경은 일품이다.

근래에는 달성공원과 수성못의 둑에도 배롱나무가 많이 심겨있어 한여름 산책 나온 사람들의 눈을 즐겁게 만든다. 이곳에는 붉은 배롱나무꽃뿐만 아니라 하얀 배롱나무꽃도 있어 소담스러움을 더한다. 이 밖에도 동대구로 중앙분리대, 신천대로변에도 분홍색이나 흰색의 배롱나무꽃이 더러 보인다.

대구 도심투어의 한 코스인 청라언덕의 대구동산병원 선교사 사택 앞의 배롱나무는 고즈넉한 아름다움을 선사한다. 대구에 처음 들어온 서양사과나무와 육교 옆의 자귀나무, 대나무 곁에 있는 하얀색 무궁화와 더불어 청라언덕을 찾는 사람들에게 고풍스러운 멋을 전해준다.

신숭겸 장군 유적지에는 배롱나무 노거수들이 즐비하다.
대구 동구 지묘동(2020. 8.)

인흥마을 혁채가에 능소화가 활짝 피어 있다.
대구 달성군 본리(2021. 7.)

능소화나무

땡볕에 고고한 양반꽃

도심 주택 대문 위로 걸쳐 핀 능소화
대구 중구 방천시장(2021)

여름 더위가 기승을 부린다. 뜨거운 여름을 염천(炎天) 혹은 열천(熱天)이라고 한다. 땡볕이 가마 같은 열기를 내뿜어 대기를 달구면 한 뼘의 그늘이 그립다. 이런 더위에도 화려하면서도 정갈한 꽃을 피우는 나무가 능소화다. 배롱나무, 무궁화와 더불어 능소화나무는 무더운 여름에 꽃 피는 대표적인 나무다. 물론 엄나무나 두릅나무도 소박한 꽃을 피우지만 사람들의 눈길을 끌기에는 역부족이다.

 남평 문씨 세거지인 달성군 화원읍 본리의 인흥마을은 능소화가 피면 전국의 사진작가들이 몰려드는 포토 스팟이다. 고즈넉한 마을 고택의 흙담 기와에 걸쳐있는 능소화는 화용의 기품이 있고 자태가 곱다. 담에 걸쳐진 꽃이 특히 빼어나게 아름다운 혁채가의 능소화는 대문과 흙담 사이 골목과 푸른 산을 한 장에 담으려는 사진작가들의 발길이 오래 머문다.

주인 부부가 나무를 잘 가꾼 덕분에 사진 촬영 명소가 됐다. 인흥마을 골목 곳곳에 능소화가 담장을 넘어서 바람에 흔들리는 날이면 젊은 연인들이 추억 만들기에 바쁘다.

무궁화, 배롱나무꽃, 능소화는 공통점이 있다. 화무십일홍(花無十日紅)이라는 말이 무색하리만큼 오랫동안 핀다. 능소화는 6월 말 무렵부터 8월까지 이글거리는 햇살을 무시하고 피고 지기를 반복한다. 무궁화, 배롱나무는 무려 100일가량 화려한 꽃으로 장식한다. 물론 한 송이가 오랫동안 버티는 게 아니라 한 송이가 피었다 지면 다른 송이에서 계속 피고 지는 일을 석 달 열흘가량 되풀이한다.

또 능소화와 무궁화는 꽃잎이 한 잎 두 잎 흩날리며 떨어지지 않고 꽃송이째 통꽃으로 떨어져 자못 비장함과 장렬함을 느끼게 한다. 무궁화는 아침에 피었다 밤에 꽃잎을 오므리고 시들며 진다. 이에 비해 겨울 하얀 눈밭에 통꽃으로 떨어지는 붉디붉은 동백꽃처럼 여름 능소화도 시들기보다 꼿꼿이 뙤약볕을 받으며 이틀 정도 버티다가 싱싱한 그 모습 그대로 담장 아래로 깨끗이 지고 마는 운명을 타고났다.

'원이 엄마'의 변하지 않는 사랑의 징표

이런 까닭에 작가 조두진이 쓴 소설 『능소화』의 주인공 '원이 엄마' 여늬의 사랑이 떠오른다.

"바람이 불어 봄꽃이 피고 진 다음, 다른 꽃들이 더 이상 피지 않을 때 능소화는 붉고 큰 꽃방울을 터뜨려 당신을 기다릴 것입니다. 큰 나무와 작은 나무, 산짐승과 들짐승이 당신 눈을 가리더라도 금방 눈에 띌 큰 꽃을 피울 것입니다. 꽃 귀한 여름날 그 크고 붉은 꽃을 보시거든 저인 줄 알고 달려와 주세요. 저 붉고 큰 꽃이 되어 당신을 기다릴 것입니다. 처음 당신이 우리 집 담 너머에 핀 능소화를 보고 저를 알아보셨듯, 이제 제 무덤에 핀 능소화를 보고 저인 줄 알아주세요."

죽은 남편과 재회를 소망하며 내뱉는 소설 속 넋두리지만 간절함이 묻어난다.

1998년 경상북도 안동시 정상동의 택지조성 과정에 무연고 분묘에서 400여 년 전에 죽은 남자의 시신이 미라 상태로 발견됐다. 망자는 조선 명종 때 사람 이응태이며 그의 관에서는 아내 원이 엄마가 남편에 대한 슬프고 안타까운 마음을 담아 쓴 한글 편지와 머리카락을 잘라 삼 줄기와 엮어 만든 미투리(신)도 함께 나왔다.

"당신 늘 나에게 말하기를 둘이 머리 희어지도록 살다가 함께 죽자고 하셨지요. 그런데 어찌 나를 두고 당신 먼저 가십니까? 나와 어린아이는 누구의 말을 듣고 어떻게 살라고 당신 먼저 가시나요."

경북 안동시 정하동의 원이 엄마 테마공원에 전시된 애절한 편지의 한 구절이다. 안동시는 공원을 만들고 원이 엄마의 절절한 사부곡(思夫曲) 편지를 돌에 새겨놓았다. 그리고 주변에 능소화를 심어 400여 년 전의 사랑을 시간을 뛰어넘어 오늘날에 기리고 있다.

하늘을 무시(?)하는 자람

담이나 건물 벽 혹은 나무에 뿌리를 달라붙이면서 하늘을 향해 뻗어가는 능소화는 보통 높이 10m까지 자란다고 알려져 있다. 담쟁이처럼 흡착 뿌리를 가지고 있어 덩굴손이 없어도 벽이나 담장, 나무에도 줄기를 잘 뻗어나간다. 등나무나 칡 줄기는 높은 곳을 향해 올라갈 때 물체를 감으면서 올라가지만 능소화는 뿌리가 벽이나 나무에 찰싹 달라붙어 기듯이 뻗어간다.

이런 자람 때문에 능소화(凌霄花)라는 이름을 고향인 중국에서 얻게 됐다. 한자를 풀어보면 업신여길 凌(능) 자에 하늘 霄(소) 자를 쓴다. 하늘을 능멸하고 업신여긴다기보다 나뭇가지나 벽을 타고 하늘을 향해 뻗어가는 모습을 연상해 해학적으로 이름 짓지 않았나 생각한다. 양반들이 이 꽃을 좋아했기 때문에 옛날에는 양반집에만 심을 수 있고 일반 백성들이 심으면 경쳤다는 말도 있다.

능소화가 우리나라에 언제 전해졌는지는 분명하지 않지만 조선시대 학자 성현(成俔, 1439~1504)이 쓴 문집 『허백당보집(虛白堂補集)』 제2권 「외가팔영(外家八詠)」에는 콩에 대해 읊으면서 "…공중으로 넝쿨을 뻗어 가누나(引蔓向空回)/ 능소화보다 작은 붉은 꽃 진 뒤(紫蕚凌霄短)/ 줄기에 조랑조랑 열린 꼬투리(青稽豆莢堆)/ 정성스레 씨앗을 갈무리했다(殷勤爲收子)…"라고 능소화를 소환해 콩꽃과 비교한 구절을 보면 그전에 우리 땅에 들어왔을 것으로 짐작된다.

일설에는 조선 후기에 정홍순(鄭弘淳, 1720~1784)이 중국 북경에서 가져와 심어 우리나라에 퍼지게 되었다고 한다. 이전에도

서양능소화 대구 수성구 황금네거리(2019. 7.)

인흥마을 능소화 대구 달성군 본리(2020. 7.)

능소화가 국내에 없던 것은 아니지만 그리 흔한 꽃이 아니었다.

작은 트럼펫 같은 꽃

능소화는 봄에 새 가지에서 잎이 나기 시작한다. 마주 보며 달리는 큰 잎자루에 작은 잎이 일곱이나 아홉 개씩 달리는데 잎 가장자리는 톱니같이 생겼다. 새잎들이 무성해지는 여름이 가까워지면 긴 꽃차례를 시원하게 뽑아낸다. 가지 끝에서 자란 꽃대에 열 송이 안팎의 꽃송이가 주렁주렁 달리면 꽃자루는 제 무게를 못 이기고 아래로 축 늘어진다.

멀리서 보면 거꾸로 된 원뿔 모양이지만 가까이 가보면 꽃자루들이 나름대로 질서가 있다. 동서로 마주나면 그 아래는 남북으로 마주나고 서로 겹치지 않게 엇갈리면서 나팔 모양의 꽃송이를 매단다. 꽃은 노란색이 들어간 진한 주황색으로 색감이 아주 뚜렷하고 강하다. 다섯 개 꽃잎이 얕게 갈라져 있고 옆에서 보면 기다란 깔때기 모양의 끝에 꽃잎이 붙어 있어 보통 작은 트럼펫을 연상하기도 한다.

예전에는 양반 가문의 고택이나 사찰에서 주로 흐드러지게 핀 능소화를 볼 수 있었지만 요즘은 공원이나 도로변, 산책로, 아파트 단지에도 흔하다. 그런데 새로 지은 아파트 단지나 공원에는 꽃부리가 길고 능소화보다 색깔도 더 붉을 뿐만 아니라 꽃차례가 꽃자루 끝에 여러 송이가 모여 있는 미국 능소화를 많이 심는다.

능소화에 대한 오해

어릴 때 능소화 꽃가루가 해롭다는 말을 어른들로부터 들었다. 특히 꽃가루가 눈에 들어가면 실명할 수도 있으니 조심하라고 신신당부했다. 꽃을 만지면 손을 씻고 눈을 비비지 못하게 했다. 이런 잘못 알려진 속설은 어디서 유래됐을까?

조선 후기 실학자 이덕무가 쓴 『청장관전서(靑莊館全書)』 제52권 「이목구심서(耳目口心書)」에는 다음과 같은 구절이 나온다.

> 또 능소화(凌霄花)·금전화(金錢花)·거나이화(渠那異花)는 모두 독이 있어 눈을 가까이해서는 안 된다. 어떤 사람이 능소화를 쳐다보다가 잎에서 떨어지는 이슬이 눈에 들어갔는데, 그 후 실명(失明)했다.(又曰 凌霄

花金錢花渠那異花 皆有毒 不可近眼. 有人仰視淩霄花 露滴眼中 後遂
失明.)

　전문가들은 "능소화 꽃가루를 연구한 결과, 독성이 없을 뿐만
아니라 표면이 가시 또는 갈고리 형태가 아닌 매끈한 그물 모양이
기 때문에 사람의 눈에 상처를 내기도 힘들며 꽃가루가 공중에 날
릴 염려도 없다."고 밝히며 "일부러 꽃가루를 채취해 눈에 문지르
지 않는 한 아무런 위험이 없다."고 말한다. 오해와 소문이 사람들
로 하여금 능소화를 멀리하게 하고 사대부들만 그 아름다움을 알
음알음 즐긴 게 아닌가 하는 생각도 든다.
　능소화가 나오는 소설로는 박완서의 「아주 오래된 농담」도 빼
놓을 수 없다. 관능적인 여인 '현금'이 어릴 적에 살던 이층집의 능
소화를 언급한 대목은 소설의 대강을 암시한다.

　여름이면 2층 베란다를 받치고 있는 기둥을 타고 능소화가 극성맞게 기
　어 올라가 난간을 온통 노을 빛깔의 꽃으로 뒤덮었다. 그 꽃은 지나치게
　대담하고 눈부시게 요염하여 쨍쨍한 여름날에 그 집 앞을 지날 때는 괜
　히 슬퍼지려고 했다. 처음 느껴본 어렴풋한 허무의 예감이었다.

　시들기보다 통꽃으로 떨어지는 능소화를 바라보는 시선은 작가
와 작품에 따라 그 색깔을 달리한다. 죽음으로 갈라진 애달픈 사
랑을 이야기할 때는 붉은 핏빛이 서리고, 팜므 파탈의 요염한 이
야기에 등장하면 노을빛으로 물든다. 사찰이나 시골에 핀 능소화
를 구경하는 것도 무더위와 열대야로 힘든 일상을 벗어나 힐링하
며 여름을 나는 한 가지 방법이다.

대구 도심에 웅장한 수세(樹勢)를 자랑하는 능소화 명물이 있다. 중구 대봉1동 경일빌딩의 능소화나무는 지상 4층 높이 건물 한쪽 벽면을 거의 뒤덮다시피 해 장관을 이룬다. 김광석길 서쪽에 있는 이 빌딩의 관계자는 "수십 년 전에 건축을 마치고 건물에 여름철 직사광선을 줄이기 위해 담쟁이와 능소화를 심었는데 워낙 잘 자라 수세에 밀린 담쟁이는 햇빛을 보지 못해 말라 죽었다."고 말했다.

두 그루의 능소화가 가지를 여러 가닥으로 뻗어 얽혀 있는데 큰 것은 밑동 둘레가 70cm도 넘는다. 전라북도 진안군 마이산 탑사의 수직 암벽을 타고 올라가는 능소화의 위용에는 살짝 못 미쳐도 빌딩의 외벽 면을 가득 채워 수직정원(Green Wall)을 이루는 생명력에 감탄사가 저절로 나온다. 6월 말부터 꽃들이 활짝 피기 시작하면 폭포처럼 쏟아질 듯한 아름다움을 연출한다.

수령 200년 넘는 회화나무인 서침나무에 꽃이 만발했다.
대구 중구 달성공원(2021. 8.)

회화나무

사대부가 정원수

회화나무꽃 (2020. 8.)

회화나무는 조선시대 사대부를 상징하는 대표적인 정원수다. 집안에 회화나무가 있으면 행복이 찾아오고 자손이 벼슬에 올라 출세한다고 믿었다. 양반 마을인 경북 경주시 양동마을의 종택 앞에는 큰 회화나무가 위용을 자랑한다. 회재(晦齋) 이언적(李彦迪) 선생을 기리기 위해 세운 옥산서원(玉山書院)의 입구 계곡에도 하늘을 찌를 듯이 쭉쭉 뻗은 회화나무가 자리 잡고 있다. 남평 문씨 세거지인 대구 달성군 인흥마을의 300년 된 회화나무는 마을 중심에 위풍당당하게 서 있었지만 안타깝게도 2022년 강풍에 넘어져 버렸다.

대구 중구 달성공원에는 수령 200년 넘는 회화나무가 있다. 조선 세종 때 달성토성의 땅을 정부에 헌납한 달성 서씨의 구계 서침 선생을 기리기 위해 대구시에서 회화나무의 이름을 서침나무로 명명했다. 서침 선생은 달성토성을 국가에 헌납했고 이에 조정

경상감영공원 회화나무 대구 중구(2019. 11.)

에서는 보상을 제의했지만 사양하는 대신 대구 지역 백성들의 환곡을 깎아달라고 건의해 백성들의 부담을 덜어줬다.

조선 사대부가의 대표적 정원수

옛날 선비가 사는 마을 앞에 회화나무를 심고, 뒷산에는 쉬나무를 심었다. 회화나무는 선비가 마을에 살고 있음을 알리며 쉬나무는 열매의 기름을 짜서 등잔불을 밝혀 선비가 학문에 정진하기 위함이다.

회화나무의 생김새가 궁금하면 아까시나무에 뾰족한 가시가 없다고 생각하면 된다. 회화나무와 아까시나무 둘 다 콩과의 나무로 잎 모양이 기수우상복엽(奇數羽狀複葉)이다. 모양이 서로 비슷해서 중국에서는 아까시나무를 가시가 달린 회화나무라는 의미로 자괴(刺槐)라고 한다.

회화나무는 한자로 괴목(槐木), 꽃을 괴화(槐花)라고 했다. 괴(槐)의 중국 발음이 회[huái]이기 때문에 회나무 혹은 홰나무에서 유래해 회화나무로 부르게 됐다. 회화나무의 한자 槐(괴)는 木(목)+鬼(귀)로 구성되는데 한자 鬼(귀)는 회화나무에 가지가 부러지거나 상처가 생겨 혹처럼 툭 튀어나온 옹두리를 본뜬 글자라는 이야기도 있다. 그런데 우리나라에서는 느티나무도 괴목(槐木)으로 표기하기 때문에 헷갈린다. 중국에서는 회화나무에만 쓰이고 느티나무에는 欅(거)라는 한자를 쓴다. 중국이 원산지인 회화나무는 낙엽활엽교목으로 높이가 30m, 굵기가 직경 2m까지 자라며

잔가지는 푸른색을 띤다.

회화나무는 7, 8월에 새로 난 가지 끝부분에 황백색 꽃이 핀다. 꽃에는 루틴(rutin) 성분이 10~25%나 되기 때문에 한방에서 고혈압 예방과 치료약으로 쓰인다. 또 부적을 만드는 종이인 괴황지(槐黃紙)를 물들이는 데도 사용했다. 9월 한창 여물고 있는 열매는 긴 콩꼬투리 모양으로 염주나 묵주처럼 잘록하다.

회화나무를 중국에서 학자수(學者樹)라 부르고 영어로도 차이니즈 스칼라 트리(Chinese Scholar Tree)라고 한다. 명예와 권세, 출세와 행복을 가져다주는 길상목(吉祥木)으로 대우받아 왔다. 회화나무를 집 안에 심으면 좋은 기운이 모여 가문이 번창하고 큰 학자나 인물이 나오며 잡귀신이 감히 오지 못한다니 이보다 좋은 나무가 어디에 있겠는가. 명나라 때 이시진이 엮은 『본초강목』에는 늙은 회화나무에는 신선이 깃들어 잡신(雜神)의 범접을 막아준다고 기록돼 있다.

옛날 중국 궁궐에는 주나라 관제를 기록한 『주례(周禮)』에 따라 조정 앞에 회화나무 세 그루를 심었다. 선비가 오를 수 있는 최고의 벼슬인 삼공(三公) 즉, 태사(太師) 태부(太傅) 태보(太保)가 이나무를 향해 앉았기 때문에 삼괴(三槐)라고 부르기도 했다. 조선도 이를 본받아서 궁궐에 회화나무를 심었다. 창덕궁 돈화문 안쪽의 회화나무들은 천연기념물 제472호로 지정돼 여전히 기세가 당당하다. 그래서 조선시대 관아가 있던 터에는 오래된 회화나무가 남아서 역사를 증거하고 있다.

종로초등학교 교정에 있는 '최제우나무' 대구 중구(2019. 10.)

사연이 많은 회화나무

대구경북에 시군구의 보호수로 지정된 회화나무가 200여 그루
나 된다. 회화나무가 있는 마을은 적어도 수백 년의 역사를 자랑
하는 유서 깊은 곳이 대부분이다. 마을 근처의 회화나무는 자생한
수목이 아니라 대부분 인위적으로 심었기 때문이다. 이름 난 양반
마을이나 유명한 문중 정자 입구나 재실, 종택, 향교, 서원 앞에는
어김없이 수백 년이나 된 회화나무가 우두커니 서있다. 그중에서
역사적 사연을 간직한 나무도 많다.

대구상인초등학교 교정의 회화나무 대구 달서구(2024. 8.)

경상감영의 옥사(獄舍)가 위치했던 대구 중구 종로초등학교 교정에는 수령 400년쯤 되고 높이 17m, 둘레 2.8m인 회화나무가 있는데 별칭은 최제우나무다. 일찍이 사회 평등을 주장하며 동학을 창시한 수운 최제우가 경상감영 감옥에 갇혀있었다는 사실에 착안해 나무 이름을 지었다. 수운의 고초를 이 나무는 마지막까지 지켜봤을 것이다.

달서구 상인동 월곡역사공원 회화나무는 높이 16m, 둘레 2.9m이며, 수령 약 400년으로 추정된다. 임진왜란 때 의병장 월곡 우배선(禹拜善, 1569~1621)을 기려 우배선 나무로 불린다. 월곡역사공원은 단양 우씨 500여 호가 600년을 살아 온 상인동 단양 우씨 세거지가 있던 자리다.

달서구 대구상인초등학교 교정에는 수령 약 200년의 회화나무가 있다. 학교로 개발되기 전에 살던 주민들의 당산목으로 추정된다.

서구 평리동 당산목공원에 있는 수령 약 300년의 회화나무도 주민들이 보호해 온 당산목이다.

경북 경주시 안강읍 육통리 마을 한가운데 있는 당산나무도 회화나무로 천연기념물에 지정되었다. 이 나무의 수령은 500여 년 정도로 추정된다. 가슴 높이 둘레가 5.9m나 되는 엄청나게 큰 나무로 애틋한 전설이 전해진다. 고려 공민왕 때 마을에 사는 젊은이가 전쟁에 나가면서 나무를 심고 부모께 자신을 돌보듯 잘 보살펴달라고 부탁했는데 젊은이는 전장에서 죽고 부모는 나무를 자식처럼 잘 보살펴 오늘날에 이른다고 한다.

안동 시내에 오래된 회화나무는 맹사성(孟思誠)이 심었다는 전설이 있다. 맹사성이 안동부사로 부임했을 때 순시하다가 여기저기서 젊은 과부의 울음소리를 들었다. 사연을 알아본 뒤 안동의 지세를 면밀히 살펴보고 시내 여러 곳에 회화나무를 심었다고 한다. 풍수지리에 능통한 맹사성이 풍수적 결함을 보완, 처방한 일종의 비보풍수에 회화나무를 활용한 셈이다.

포항시 북구 청하면사무소 청사 앞마당에는 200년 넘은 회화나무가 한 그루 있다. 이 나무가 유명하게 된 것은 1733년 청하 현감으로 부임한 겸재 정선이 그린 그림 〈청하성읍도〉에 나오는 굽은 나무가 바로 이 회화나무로 추정되기 때문다. 겸재는 실경산수화의 대가다. 그가 그림의 소재로 삼은 보경사 내연산의 골짜기를 그린 〈내연삼용추〉는 실경산수의 진수로 손꼽힌다.

남가일몽 고사 품은 나무

중국 당나라 사람 순우분은 자기 집 남쪽에 있는 커다란 나무 아래에서 어느 날 친구들과 술을 마시고 잠들었다. 꿈에 괴안국(槐安國) 왕의 환대를 받고 왕의 사위가 되고, 남가군(南柯郡)이라는 지역의 태수를 지내며 20여 년간 선정을 베풀고 그 또한 호강했다. 하지만 태수를 그만두고 고향으로 돌아와 눈을 번쩍 뜨니 그가 누린 호강은 회화나무 아래에 있는 개미나라에서 벌어진 꿈속의 일이었다.

전기소설 『남가태수전』에 나오는 '괴안몽(槐安夢)' 얘기다. 인생이 덧없고 한때 부귀영화가 부질없을 때 자주 쓰는 고사 '남가일몽(南柯一夢)'이 바로 회화나무에서 비롯됐다.

사람들은 회화나무가 자유분방하게 가지를 뻗는 게 선비의 호연지기(浩然之氣) 기개와 닮았다고 좋아하기도 하지만 반대로 아무 곳이나 멋대로 가지를 뻗기 때문에 곡학아세(曲學阿世)하기 쉬운 나무로 보는 사람도 있다.

　대구 동구 둔산동 옻골마을 입구에는 수령이 350여 년이 넘는 거대한 회화나무 두 그루가 있는데 입향조를 기리는 의미로 후손들이 그의 이름을 붙여 최동집나무로 부르고 있다.

　경주 최씨 광정공파 집성촌으로, 조선 중기의 학자인 최동집이 1616년(광해군 8)부터 정착하여 마을을 이루게 되었다. 옻골에는 20여 채의 조선시대 가옥이 있으며 경주 최씨 종가인 백불암고택과 재실인 보본당이 유명하다. 이 건물은 대구 지역에 있는 조선시대 가옥 중 가장 오래된 것으로, 마을 가장 안쪽에 있다.

　풍수사상을 바탕으로 나쁜 기운이 마을에 들어오는 것을 경계하기 위해 입구에 느티나무 비보림과 인공연못 등을 조성해 안정적인 주거환경을 만들었다.

중부내륙고속도로 현풍휴게소에 있는 수령 500년의 느티나무
대구 달성군 성하리(2022. 6.)

느티나무

천 년을 꿈꾸는 장수목

아파트 단지의 조경수로 심어진 느티나무에
단풍이 들었다.
대구 수성구 황금동(2022. 10.)

1994년에 출간돼 선풍적인 인기를 얻은 최순우의 한국미 산책 『무량수전 배흘림기둥에 기대서서』에 나오는 글의 첫 시작은 "나는 무량수전 배흘림기둥에 기대서서…"이다. 경북 영주시 부석사에 있는 무량수전은 우리나라에서 두 번째 오래된 고려 목조 건축물의 백미다. 유명한 배흘림기둥의 재목은 바로 느티나무다.

　　느티나무는 우리나라 어디서든지 볼 수 있는 배달민족과 함께 살아온 친숙한 나무다. 시골 마을마다 느티나무가 없는 마을은 거의 없을 정도이니 수백 년간의 희로애락을 간직한 나무가 적지 않다.

　　초목이 움트고 꽃들이 다투어 피는 봄에 느티나무는 주변의 예쁜 봄꽃들과 잘 어울리는 새싹을 내밀어 생명의 경이로움과 아름다움을 느끼게 해준다. 땡볕이 내리쬐는 한여름에 수많은 이파리들이 겹겹으로 햇볕을 막아줘서 동네 어른과 아이들이 더위를 피하며 이야기꽃을 피우는 정자나무 역할을 마다하지 않는다. 단풍이 드는 가을에는 빨갛거나 노란 색의 향연을 펼치고, 초목이 깊은 휴식에 들어가는 겨울 노거수는 주변에 하얀 눈이라도 쌓이면 한 폭의 멋진 풍경화의 주인공이 된다.

마을 어귀에 자리 잡은 느티나무는 수많은 추억이 서려 있는 그리움의 고향이다. 수백 년 혹은 천 년 이상을 거뜬하게 사는 나무이기에 마을을 지켜주는 신목 혹은 제당의 수호목으로 보호받았다. 잎과 가지 어느 하나도 마음대로 건드리지 못했지만 늘 가까이에서 친하게 지내던 시골의 대표적인 나무다. 몇 아름이나 되는 줄기에서 굵은 가지가 사방으로 뻗고 작은 가지가 팔방으로 퍼져 멀리서 보면 나무 실루엣이 예전 초가와 닮은 듯하다.

소원을 빌던 나무

느릅나무과의 낙엽활엽교목이며 높이 20~30m의 거목으로 자라는 느티나무는 잎이 긴 타원형 또는 달걀 모양으로 서로 어긋나고 가장자리에 톱니가 있다.

바람에 의존해서 수분하는 풍매화인 느티나무꽃은 암수 한 그루로 4~5월에 핀다. 새로 나온 가지의 잎겨드랑이에서 암꽃은 위쪽에 피고 수꽃은 아래쪽에 피지만 사람들 눈길을 끌지 못한다. 열매는 10월쯤에 납작하고 둥근 모양으로 익는다. 볼품없는 느티나무꽃에도 '운명'이라는 거창한 꽃말이 붙어 있다.

느티나무는 주목, 은행나무와 함께 우리나라에서 수명이 가장

영조임금나무로 불리는 수령 250년의 느티나무. 파계사 현웅 스님의 도움으로 영조 임금이
탄생했다는 설화와 그가 입었던 도포를 간직하고 있는 까닭에 이런 이름을 붙였다.
대구 동구 중대동 파계사 진동루 앞(2023. 9.)

긴 3대 장수(長壽)나무다. 오래 살기 때문에 사람은 경외심을 갖고 바라본다. 세월이 흘러 당산목이 되면 소원을 들어준다는 믿음까지 얻게 된다. 영험하다는 소문이 꼬리에 꼬리를 물고 퍼져나가면 온갖 우환을 가진 사람들이 간절함으로 두 손을 모아 느티나무 앞에서 치성을 드린다. 이런 전설을 한 가지쯤 갖고 있는 게 노거수 느티나무다.

대구 동구 부동 느티나무도 '아들을 낳게 해달라'고 빌면 이뤄진다는 전설이 전해진다. 수령 220년으로 나무 둘레가 5.3m나 되는 거목으로 마을에서 동제를 지내면서 보호했다. 마을의 한 할아버지가 자식이 없어 이 나무에 절을 하고 기도를 했더니 1년 후 아들을 얻었다는 소문이 널리 퍼져 자식 없는 사람들이 찾아와서 공들인 뒤 자식을 낳았다는 풍문이 전해지고 있다. 과학의 시대에는 미신으로 치부되지만 전설의 시대에 살아온 백성들은 그런 행동을 문화나 신앙으로 여겼다.

보호수로 가장 많이 지정된 수종

2021년 말을 기준으로 전국 보호수는 1만 3850여 그루가 지정돼 있으며, 이 중 느티나무가 전체의 52%인 7천270여 그루로 가장 많다. 장수목이고 흔하다는 방증이다.

2020년 기준으로 경상북도 시·군보호수 2천여 그루 중에서 느티나무가 980여 그루로 가장 많다. 그중에서 300여 그루를 골라서 스토리텔링한 나무에도 느티나무가 70여 그루를 차지해 비중이 가장 높다.

그뿐만 아니라 경북에 천연기념물로 지정된 느티나무는 청송군 파천면 신기리, 영주시 안정면 단촌리, 안동시 녹전면 사신리에 각각 터를 잡고 있다.

경북의 보호수인 예천군 호명면 본리의 600여 년 된 느티나무는 잎이 피는 상태를 보고 주민들이 흉년과 풍년을 점을 쳤다고 한다. 최걸(崔傑)이라는 사람이 마을을 개척할 때부터 봄에 꽃이 일제히 피면 풍년, 두세 번에 걸쳐 피면 흉년이 든다는 이야기를 했다고 전해온다. 성주 지방리의 쌍둥이 당산목 느티나무도 매년 봄철에 새잎이 피는 모습을 보고 그해의 풍년과 흉년을 예측했다. 청도군 풍각면 봉기리 느티나무도 마을 당산목으로 풍년과 흉년을 점치는 나무로 통했다.

수리 시설이 부족한 옛날 봄에 비가 많이 와서 물이 풍부하면 고목의 새잎이 한꺼번에 잘 돋고 가물어 물이 부족하면 새잎이 여러 번에 걸쳐서 나오기 마련이다. 나무의 상태를 보고 사람들이 기후를 짐작한 것이지 나무가 신통력을 가진 건 아닐 것이다.

느티나무는 소나무와 함께 우리나라 사람들이 가장 편안하고 친숙하게 여기는 나무다. 소나무가 겨울이 되어도 푸른색이 변치 않는 힘찬 기상과 꼿꼿한 선비정신을 대변한다면 느티나무는 계절의 변화에 순응하는 어머니의 푸근하고 따뜻한 자애로움이 묻어나는 나무다.

느티나무의 다양한 쓰임

느티나무는 목재로써 쓰임은 소나무와 어금버금하다. 오동나무, 먹감나무와 함께 우리나라의 3대 우량목재로 손꼽히는데 나뭇결이 곱고 황갈색에 윤이 약간 나며 무늬가 뛰어나다. 건조할 때 갈라지거나 뒤틀리는 게 적을 뿐만 아니라 좀처럼 썩지도 않고 마찰이나 충격에도 잘 견딘다. 천년 고찰의 기둥과 같은 건축재, 불상, 사리함, 고급가구, 조각 공예품, 악기, 농기구 자루, 선박용 재료 등으로 폭넓고 다양하게 쓰였다. 특히 신라 고분인 천마총의 관재로 쓰여 임금의 저승길을 함께했다.

김천 직지사의 일주문 같은 큰 절에 있는 아름드리 기둥이 싸리나무로 만들어졌다는 항간의 소문이 있었지만 조사한 결과 느티나무로 밝혀졌다. 이는 사리함을 만든 느티나무를 용도에 방점을 두고 사리나무라고 부르다가 나중에 용도가 아닌 목재 이름으로 오해하게 되고 세월이 흐르면서 싸리나무로 와전된 게 아닌가 싶다. 또 큰 절에서 큰 행사가 있을 때 수백 명이 먹을 밥을 담는 구시 역시 느티나무로 만들었다.

흔히 우리나라를 소나무 문화라고 표현하지만 소나무를 널리 이용한 시기는 조선시대다. 고려시대에는 느티나무를 많이 활용했으므로 느티나무 문화라고 불러야 한다는 주장에 한편으로는 수긍한다.

천 년을 꿈꾸는 나무

경북 경주시 내남면 부지리(鳧池里) 마을 개울가에 나이가 천 년으로 알려진 느티나무가 있다. 경주 최씨 집성촌인 이 마을에 고운 최치원의 5세손인 최제안(崔齊顔)이 고려 현종 때 씨족의 표목(標木)으로 심었다고 한다.

2016년에 발생한 규모 5.2의 경주 대지진 진앙 진원지인 부지리에서 천재지변을 겪고도 넉넉한 녹음을 자랑하고 있다. 그야말로 『용비어천가』에 나오는 "뿌리 깊은 나무는 바람에도 흔들리지 아니하므로 꽃 좋고 열매 많으니…"의 본보기다. 부지리의 느티나무뿐만 아니라 전국에서 낯가림 없이 자라는 노거수 느티나무는 적어도 수백 년, 길게는 천 년 이상의 세월과 자연 재해를 극복한 '뿌리 깊은 나무'다.

2000년을 출발하면서 산림청에서는 21세기 새천년을 상징하는 나무로 느티나무를 선정했다. 느티나무의 역사성과 문화와 수명을 고려해서 밀레니엄(millennium)나무에 뽑히는 영광을 차지했다.

경상북도의 도목(道木) 역시 느티나무다. 장수목이며 번식력이 강해 도민의 번영과 적응력을 상징하고, 어떠한 역경과 난관도 이겨나가는 끈기와 저력이 도민의 기상과 상통하기 때문이다.

우리가 무심히 바라본 한 그루의 느티나무는 살아서는 천 년을 꿈꾸고 죽어서는 도량(道場)의 든든한 배흘림기둥으로 보시하여 또 다른 천 년을 그리는 나무일지도 모른다.

대구의 느티나무 구전

대구 수성구 수성동 1가 느티나무는 옛 대륜중
학교 담장 밖(현재 신세계타운 아파트)에 있던 수
령 350년 된 두 그루 나무로, 일제강점기 일본군
병사가 나무에 해코지하다 죽었다는 소문이 구전
되고 있다.

일제강점기 대구에 있던 일본군 보병 80연대
병력 일부가 느티나무 아래에서 휴식을 취하다가
나뭇가지에 걸터앉거나 대검으로 껍질을 벗기는
행패를 부렸다. 나이 든 주민이 이 광경을 보고 동
네의 수호신이니 무례한 행동은 말아 달라고 부탁
하였다. 하지만 군인들은 나무가 신목(神木)인지
아닌지 시험하겠다며 나무 주위에 보리 짚단을 쌓
아 불을 질렀다. 그때 비가 오지 않았는데도 보리
짚단에 붙은 불이 나무에 옮겨붙기도 전에 꺼지
고, 연기를 맡은 일본 병사가 그 자리에서 쓰러지
더니 거품을 토하며 숨이 끊어졌다는 이야기다.

봄春
———
백화경염 百花競艶
뭇 꽃들 경쟁

겨울冬
———
독야청정 獨也靑靑
홀로 선 나무

여름夏
———
화양연화 花樣年華
신록의 잔치

가을秋
———
감홍난자 酣紅爛紫
화려한 결실

과수원의 오래된 나무에 탐스러운 사과가 주렁주렁 달려 있다.
대구 동구 평광동(2022. 2.)

사과나무

역사를 뒤흔든 과일

사과나무 꽃봉오리는 발그스름하지만
꽃이 피면 점차 하얗게 된다.
대구 동구 평광동(2020. 4.)

"능금꽃 향기로운 내 고향 땅은 팔공산 바라보는 해 뜨는 거리~"
로 시작되는 '능금꽃 피는 고향'은 1970년대 대구 사과가 명성을 날
리던 시절 길옥윤이 가사와 곡을 짓고 가수 패티김이 부른 일종의
대구 찬가다. 당시 특산품인 사과와 대구의 주산인 팔공산이 나오
는 등 지역을 전국에 홍보하는 데 제격이었다. 또한 1980년대 대
구 시내 골목을 누비는 청소차도 이 노래를 틀었다. 대구 사과의
명성에는 이 노래도 적잖게 도움이 됐으리라.

능금은 사과의 다른 이름이다. 대구경북의 사과를 재배하는 과
수농업인들이 100여 년 전에 설립한 전문 품목농협이 대구경북능
금농협이다.

능금나무는 사과나무

능금은 배, 감, 복숭아, 자두와 함께 중요한 옛 과일이었다. 능금은 한문으로 임금(林檎)이다. 임금보다 굵은 개량종을 내(柰)라고 불렀다. 중국에서는 1세기경부터 임금을 재배한 것으로 알려져 있다. 삼국시대쯤 한반도에 전래됐을 것으로 추정된다.

고려시대 문장가 이규보의 『동국이상국집』 고율시에 나오는 「유월 이십일 오랜 비가 홀연히 개어 손님과 함께 동산을 거닐며 본 바를 기록하다(六月二十日 久雨忽晴 與客行園中記所見)」에는 살구, 자두 등과 함께 임금이라는 과일도 나오는데 맛에 대한 표현이 아주 구체적이다.

오얏은 주홍빛으로 익었구려	朱李倒紅腮
나와 성이 같은 게 가장 귀여워	最憐同姓樹
능금은 구슬같이 주렁주렁 달렸는데	林檎綴珠琲
자못 맛이 시고도 쓰구나	頗覺味釅苦

고려 숙종 8년(1103년) 중국 송나라 손목이 서장관(書狀官, 기록하는 관리) 자격으로 개성에 왔다가 당시 고려의 조정제도·풍속·어휘 등을 정리한 책인 『계림유사(鷄林類事)』에 "내빈과(柰蘋果)는 임금과 닮았으며 크다."고 기술되어 있는 것이 최초의 기록이라고 전해진다. 역시 송나라 사신 서긍이 쓴 『선화봉사고려도경(宣和奉使高麗圖經)』에도 "능금·청리·참외·복숭아·배·대추 등은 맛이 약하고 크기가 작다."는 내용이 있다.

능금과 같은 과일로 흔히 알고 있는 사과(沙果)는 어떻게 유래됐을까? 사과는 내(柰)의 중국 이름이었다. 조선 전기에는 능금의 종류를 내(柰)와 임금(林檎)으로 나눴다.

『훈몽자회(訓蒙字會)』에는 "檎(금)은 임금 '금'으로 읽고 속칭 사과라고 한다."라고 나와 있는 것으로 보아 벌써 500년 전부터 능금과 사과를 혼용했다고 추측된다. 중국어로 사과를 뜻하는 핑궈(蘋果)의 잘못 전해진 이름이 사과(沙果)라는 주장도 있고 아삭아삭한 식감 때문에 사과(沙果)라고 불렀다는 설도 있다.

조선 후기 정약용이 쓴 『아언각비(雅言覺非)』에는 "柰(내)란 빈파(蘋婆, 사과)인데, 이를 뜻하여 산앵(山櫻, 벚)이라고도 한다.(방언으로 내를 사과(沙果)라고 하고 산앵을 벚이라고도 말하는데, 이 말 또한 와전돼 '멋'이라고 한다)"고 나온다.

조선 후기의 학자 유득공(柳得恭)의 『고운당필기』 제3권 「초목충어」에는 "솔씨를 잣이라 하고 빈과(蘋果)를 사과(樝果)라 하고서도 더 이상 분별하여 따져 보지 않는다.(松子謂之柏子, 蘋果謂之樝果, 不復辨詰.)"고 해서 빈과와 사과를 구별하지 못함을 개탄했다. 여기서 사과는 능금을 말하는 게 아닌 것 같다.

궁중 일기인 『일성록』의 정조 10년 병오(1786) 7월 22일(계해)에는 의정부가 빈궁(殯宮, 왕세자나 왕세자비의 관을 두던 곳)에 진향(進香)한 예찬(禮饌)에는 사과(樝果) 1기, 임금(林檎) 1기로 나와서 사과와 능금을 구분하고 있다. 사과(樝果)의 사(樝)는 풀명자나무를 의미하므로 능금을 가리키는 말인지, 다른 말인지 살펴볼 필요가 있다.

옛 책에 나오는 능금나무는 자르지 않고 그대로 두면 키가 10m

에 이른다고 한다. 능금은 꽃받침의 밑부분이 혹처럼 두드러지고 열매의 기부가 부풀어 있다고 한다. 반면 사과는 꽃받침의 밑부분이 커지지 않고 열매의 아랫부분은 밋밋하다. 또 능금은 사과에 비해 신맛이 강하고 물기가 많으며 크기도 작다고 기록돼 있다.

개화기에 들어온 개량종 사과는 우리말인 능금으로 불렸으나 1970년대부터 사과란 이름으로 점차 통일되고 능금이란 말은 서서히 잊히고 있다.

사과꽃 필 무렵

사과나무는 정미과의 낙엽수이자 교목이다. 과수원의 사과나무 키가 5m 넘는 경우는 거의 없다. 현실적으로 과수 재배 작업을 편리하게 하려고 가지를 많이 치기 때문에 키도 크지 않을 뿐만 아니라 나무의 형태가 분재처럼 기형적으로 생겼다. 수종 갱신을 한 과수원의 사과나무는 잦은 가지치기로 나무가 곧지 못하고 굽은 옹이도 많아서 재목으로 가치를 인정받지 못해서 땔감으로 쓰인다.

사과나무의 작은 가지는 자주색이다. 잎은 어긋나고 타원형 또는 달걀 모양으로 톱니가 있으며 잎맥 위에 잔털이 있다. 꽃은 4월 말에서 5월에 핀다. 흰색 꽃이 잎과 함께 가지 끝 잎겨드랑이에서 나와 우산 모양으로 달린다. 꽃잎이 떨어질 때는 약간 붉은 기운이 돈다. 사과꽃과 비슷한 시기에 피는 꽃이 원예종 해당이다. 서부해당, 수사해당은 중국에서 들여온 꽃사과를 말한다. 자칫 바닷가에서 자라는 해당화와 비슷한 꽃으로 오해하기 쉽다.

가을 햇살에 사과를 붉게 익히기 위해 과수원 바닥에 반사필름을 깔아 놓았다. (2023. 11.)

선과 악을 알게 되는 열매

유대인들은 그들의 달력으로 새해 명절 로쉬 하샤나(Rosh Hashanah)가 되면 가정에서 빠뜨리지 않고 사과에 꿀을 발라 먹거나 반으로 쪼개 심을 빼내고 꿀을 넣어 쪄 먹는 관습이 있다. 새해를 사과처럼 향기롭고 꿀처럼 달콤하게 보내기를 바란다는 기원과 축복을 담고 있다. 유대력 신년은 티슈리월 첫째 날로써 양력 9월 말 또는 10월 초에 해당하므로 사과가 수확되는 계절과 잘 맞아 떨어진다.

사과는 유럽인들이 즐겨 먹는 과일이다. 서양의 종교, 신화, 역사, 문학에 걸쳐 사과에 얽힌 다양한 이야기가 전해 내려온다. 동

미니사과
(2022. 10.)

양의 복숭아만큼 서양에서 유혹적인 과일이라는 해석이 가능하다.

무엇보다 서양 사상에 큰 영향을 미친 과일은 기독교의 선악과다. 구약성경 「창세기」에는 인류의 조상인 아담과 하와는 '눈이 열려 선과 악을 알게 될 열매'를 따먹었다가 에덴동산에서 쫓겨났다는 구절만 나오고 구체적인 과일 이름은 없다.

다만 구약성경 「아가서」 2장 3절에는 "젊은이들 사이에 있는 나의 연인은 숲속 나무들 사이의 사과나무 같답니다."나 5절 "여러분, 건포도 과자로 내 생기를 돋우고 사과로 내 기운을 북돋아 주셔요. 사랑에 겨워 앓고 있는 몸이랍니다."라는 구절을 보면 사과나무를 긍정적으로 보고 있다.

서기 2세기경 히브리어 구약 성경을 라틴어로 번역하면서 오류가 생겨 '선악을 알게 하는 나무'를 의미하는 부분을 '사과나무'로 쓰게 됐다는 설이 있다. '나쁘다'는 뜻의 형용사 말루스(Malus)의 어원인 말룸(Malum)은 단모음이면 '악(惡)'을 뜻하지만 장모음일 땐 사과를 일컫는다. 선악과를 사과로 오해했다는 주장이다.

그런데 영국의 존 밀턴(1608~1674)이 쓴 장편 서사시 『실낙원』을 발표한 후 금단의 열매를 보다 구체적인 과일인 사과로 묘사한 후로 사람들은 '선악과=사과'로 못 박다시피 했다. 르네상스를 거치면서 종교적 그림에는 하와 옆에 있는 선악과가 사과나무로 그려지게 됐다.

여기서 금단의 열매를 먹는 순간 아담의 목에 사과 한 조각이 걸려서 남성들의 툭 튀어나온 결후(結喉, 울대뼈)가 생겼고 이를 '아담의 사과(Adam's Apple)'로 부르게 됐다는 속설도 등장했다. 기독교적 시각에서 자유의지를 가진 인간이 에덴동산에서 뱀으로 상징되는 사탄의 유혹으로 말미암아 선악과를 먹음으로써 원죄를 짓게 되고 에덴동산 밖으로 추방되는 시련을 겪게 됐다.

서양 문화를 품은 사과

서양 역사와 문화의 변곡점에 사과는 여러 차례 등장한다. 어떤 사건들일까?

가장 먼저 그리스 신화에 나오는 이른바 '불화(不和)의 사과'다. 트로이의 왕자 파리스(Paris)가 최고의 미녀이자 사랑과 쾌락의 여신인 아프로디테에게 선물했던 황금 사과가 결국 트로이 멸망의 불씨가 됐다. 불화의 여신 에리스가 신들의 연회에 두고

대구에 최초로 들여온 서양사과의 후계목
대구동산병원 선교박물관 옆(2019. 9.)

간 황금 사과는 엉뚱하게도 트로이 전쟁의 화근으로 작용했기 때문이다.

스위스 설화에는 '빌헬름 텔의 사과'가 유명하다. 활의 명수 빌헬름 텔은 지배자의 명령에 따라 아들 머리 위에 놓인 사과를 화살로 명중시켜 스위스 독립운동의 시위를 당겼다.

"내일 지구가 멸망하더라도 나는 한 그루의 사과나무를 심겠다."고 역설한 네덜란드 철학자 스피노자(1632~1675)의 사과는 일상의 가치가 소중함을 일깨우고 긍정적 인간 의지를 되새겨 줬다.

영국 케임브리지대학 식물원에는 '뉴턴의 사과나무'가 있다. 과학자 아이작 뉴턴(1643~1727)은 눈앞에서 사과가 땅으로 떨어지는 현상을 보고 골똘히 생각하다 중력의 원리를 터득했다.

'세잔의 사과'는 19세기 파리 화단에 신선한 바람을 일으킨 정물화다. 프랑스 화가 폴 세잔(1839~1906)은 유독 사과 그림을 많이 그렸다. 정물화 가운데 가장 알려진 작품 「사과와 오렌지」는 무미건조한 주제를 위대한 미술로 승화시켰다고 화단의 평을 받았다. 특히 프랑스 화가 모리스 드니(1870~1943)는 아담과 이브의 선악과와 뉴턴의 사과, 그리고 세잔의 사과를 세상에서 유명한 세 개의 사과로 꼽았다.

반면 '앨런 튜링의 사과'는 영국 천재 수학자 앨런 튜링(1912~1954)의 비극적 삶을 상징한다. 2차 세계대전 중에 독일의 암호 해독에 수훈을 세우고 컴퓨터와 인공지능(AI) 연구의 길을 열었다. 전쟁이 끝난 뒤 당시 금기였던 동성애자로 밝혀져 당국의 감시와 치료를 받다 독이 든 사과를 먹고 스스로 생을 마감했다.

정보통신기술(ICT) 분야 혁신의 아이콘으로 통하는 애플사는 자사의 로고 '베어 먹은 무지개 사과'가 튜링이 먹다 남은 사과를 모티브로 만들었다는 소문이 퍼지자 "튜링을 기려서 베어 먹은 사과를 로고로 택한 것은 아니다."라고 공식 발표했다.

사과 매일 먹으면 의사가 필요 없다

어서 이리 오세요.
달콤하고 사랑스럽게 잘 익은 이 과일을 드셔 보세요!
장미야 시로 노래하면 그만이지만
사과는 깨물어 먹어 봐야 맛을 알지요.

독일 대문호 괴테의 『파우스트』 2부에 나오는 달콤한 유혹의 노래다.

빨갛게 잘 익은 사과는 보기에도 먹음직스럽다. 맛이 새콤달콤해서 남녀노소 가리지 않고 좋아한다. '매일 사과를 하나씩 먹으면 의사를 멀리한다(An apple a day, keeps the doctor away)'는 서양 속담은 사과의 효능을 높이 평가한 말이다.

사과는 우리 몸에 필요한 각종 영양소가 가득하며, 각종 성인병 예방에도 도움이 된다. 사과의 성분 중 가장 유용한 것은 당분, 유기산, 식이섬유(食餌纖維)다. 당분은 대부분 과당과 포도당으로 흡수가 잘된다. 사과는 술, 식초, 주스, 잼 등으로 다양한 방법으로 가공해서 먹기도 한다. '과수원 집 딸이 예쁘다'는 말이 괜히 생긴 말이 아니라 미용 효과가 그만큼 탁월하다는 뜻이다.

생전에 대구경북에서 활동한 구상 시인의 시 「한 알의 사과 속에는」을 읽으면 구름과 대지, 태양, 달과 별, 땅과 영생을 찾아낸 시인의 혜안을 우러르게 된다. 이는 불가에서 '하나의 티끌에 온 세상이 담겨있다'는 『화엄경』 「법성게」에 나오는 일미진중함시방(一微塵中含十方)을 떠올리게 한다.

대구의 사과 도입 역사

우리나라에서 사과 재배가 성행한 것은 18세기 초쯤으로 보인다. 조선시대 홍만선이 쓴 『산림경제(山林經濟)』에 능금 재배법이 실려 있기 때문이다.

우리나라에 처음 등장한 서양사과나무는 1884년 무렵 선교사들이 관상수로 도입한 품종이다. 대구에서 최초의 서양사과는 역시 미국인 선교사 애덤스 목사에 의해 1890년대에 도입됐다. 대구 동산병원 선교박물관 옆에 자라던 1세대 서양사과나무는 죽고 후계목들이 그 곁을 지키고 있다.

기후 온난화와 도시의 확장으로 예전 대구 사과밭은 많이 사라졌지만 팔공산 자락 동구 평광동 일대는 지금도 사과과수원이 지천이다. 아오리, 홍로, 부사, 홍옥 등 품종도 다양하다.

대구광역시에 새롭게 행정구역이 편입된 군위군의 특산물 중에 사과가 들어 있다. 깨끗한 환경에서 자라 15~16브릭스 이상의 당도가 나오며 육질이 치밀하고 아삭하며 향이 뛰어나서 껍질째 먹을 수 있는 친환경 재배 사과다.

우리나라에서 가장 오래된 사과나무는 대구시 보호수 홍옥 사과나무로 동구 평광동에 있다. 1935년에 심은 5년생 사과나무 가운데 지금까지 살아남은 유일한 사과나무다. 수령이 90년이 넘는다. 수종 교체가 여러 번 이뤄졌지만 기념으로 남겨 놓았다고 한다.

보통 사과보다 크기가 작은 서양사과
대구 중구 동산동(2022. 10.)

사과나무는 보통 30년, 길어도 50년 정도가 지나면 열매를 맺
지 못하거나 과일의 생산성이 떨어진다. 과수농가에서는 묵은 나
무를 베어내 버리고 신품종을 심는 수종 갱신을 한다. 그러나 끈질
기게 꽃을 피우고 열매를 맺어 대구 능금의 전통을 전해주는 홍옥
사과나무의 생명력에 감탄사가 저절로 나온다.

수성못 주위에 있는 모과나무
대구 수성구(2022. 10.)

모과나무

못생긴 열매, 못 잊을 향

모과나무꽃
대구 남구 대명생태공원(2020. 4.)

화초장 화초장 화초장

화초장 화초장 화초장

화초장 하나를 얻었다

오늘 걸음은 잘 왔구나

대장부 한 번 걸음에

화초장이 하나가 생겼구나

(개울을 건너다 이름을 잊어버렸다)

초장화 아아

장화초 어어

웠다 이것을 잊었다

아이고 이것이 무엇이냐

갑갑허여서 내가 죽겠구나

판소리 '흥보가(興甫歌)'에서 놀부가 화초장(花草欌)을 지고 가면서 부르는 소리 '화초장타령'이다. 놀부가 흥부 집에서 뺏듯이 얻어간 화초장 이름을 외우면서 개울을 건너다 까먹어버린 장면이 해학적이다. 여기에 나오는 화초장은 모과나무로 만든 옷장이다. 모과나무 목재는 갈색이나 붉고 치밀하며 광택이 있고 아름다워 장롱과 목기(木器) 등의 재료로 쓰였다. 모과나무 장롱은 자단(紫檀)이나 화류목(樺榴木)으로 만든 진품 화류장 대신 쓰이는 짝퉁 화류장이다.

모과에 놀라는 몇 가지

사람들은 모과나무는 고운 꽃에 비해 울퉁불퉁 못생긴 열매가 달려서 놀라고, 열매의 좋은 향기에 비해 맛은 시고 떫어 먹을 엄두가 나지 않아 놀라며, 볼품없는 나무 외관이나 열매에 비해 사람에게 이로운 약재 등 쓰임새에 놀란다.

모과나무는 4월 중순에 연한 홍색의 꽃이 수줍은 듯이 핀다. 장미과의 꽃답게 다섯 장의 분홍색 꽃잎이 수더분하고 보기에 따라 귀엽다. 모과나무를 정원수나 관상용으로 많이 심지만, 나무 덩치에 비해 작은 꽃을 눈여겨본 사람은 많지 않을 것이다. 가지에 듬성듬성 하나씩 달리는 꽃은 사람들의 눈에 확 띄는 강렬한 색깔이 아닌 데다 그나마 상당수는 나뭇잎에 가려져 있다. 또 개화 기간이 그리 길지 않아 무심코 보는 사람에게 꽃의 존재감을 자랑할 시간이 없다.

이런 꽃과 달리 가을에 노랗게 익는 열매는 낙엽으로 잎이 다

모과나무 잎이 빨갛게 물들고 있다.　국립대구박물관(2019. 11.)

떨어진 10월 하순이면 멀리서도 알아볼 수 있을 정도로 그 모습이 적나라하다. 주렁주렁 매달린 열매가 모양이 참외 같다고 하여 목과(木瓜)라는 한자 이름을 얻었다. 목과에서 우리말 모과로 변했다.

중국이 원산지인 모과나무가 우리나라에 들어온 것은 고려시대로 추정된다. 고려의 문장가 이규보의 『동국이상국집』에 나오기 때문이다.

> 늦도록 마시다가 잠깐 쉬게 되니 오직 서너 사람만이 마주 앉아 차를 마시게 되었다. 그 후 밤중이 되어 오래 앉아 있자 몸이 피로하여 졸음이 눈을 가리곤 했다. 그러자 스님이 나가서 금귤(金橘)·모과(木瓜)·홍시(紅柿)를 가지고 와서 손님들을 대접하는데, 한 번 씹자마자 나도 모르는 사이에 졸음이 벌써 어디로 가버렸다.

모과 맛이 얼마나 강렬했으면 한 번 씹었는데 졸음이 달아나버렸겠나.

수백 년 묵은 노거수

모과나무는 주로 중부 이남 지역의 집주변과 빈터, 도시의 공원과 정원 등에서 많이 볼 수 있다.

우리나라 모과나무 천연기념물은 충북 청주시 흥덕구 오송읍 연제리 오송생명과학국가산업단지의 목과(木瓜)공원 안에 수령

약 500년으로 추정되는 모과나무가 유일하다.

대구경북에 조경용으로 심어진 모과나무는 흔하지만 보호수로 지정된 나무는 보기 드물다. 경북 칠곡군 동명면 천년 고찰 도덕암의 수령 800년으로 추정되는 모과나무와 대구시 만촌동 무열대(武烈臺)에 있는 나이 500살쯤의 모과나무, 고령군 대가야읍 쾌빈리 고령도서관 뜰의 390년 묵은 모과나무, 포항시 청하면 서정리 제당의 330년 된 모과나무가 대표적이다.

도덕암의 모과나무는 고려시대 혜거국사가 팔공산 자락 도덕산에 암자를 창건하면서 심은 것으로 전해진다. 전문가들은 나무의 나이를 800년 정도로 추정하는데 모과나무 중에서는 국내 최고령에 속한다. 높이 10m, 밑동 둘레 4m에 이르지만 큰 줄기는 없고 밑동에서 자란 큰 가지 4개에 열린 모과가 가을 햇살을 받아 노랗게 익는다.

경북 고령군 대가야읍 고령도서관 마당 서쪽 가장자리에 있는 모과나무는 조선 현종 때 심은 것으로 알려져 있다. 옛 고령 동헌이 있던 곳이라서 가끔 죄인들의 형벌도 집행됐다고 한다. 그래서 조선 후기 사형수들을 교살하는 나무로 이용됐다는 이야기가 전해지지만 구체적인 증거는 없다.

포항시 청하면 서정리 자연마을인 모과지이 제당에 자리 잡고 있는 당산나무도 모과나무다. 1982년 보호수로 지정될 당시 수령이 290년이니 지금은 300년이 훨씬 넘었다. 주민들이 부르는 '모과지이'의 표준말은 모과정이다. 예전에 나무 아래에 샘이 있었는데 '모과나무 아래 있는 샘'이라고 목과정(木瓜井)으로 불렸으며 동네 이름도 여기서 유래됐다.

모과나무 아래 서면

"울퉁불퉁 모개야 아무따나 크거라."

옛날 할머니들은 손주들이 건강하게 자라기를 바라는 마음에서 역설적으로 못생긴 모과에 비유했다. 영아나 유아의 사망률이 높았던 시절에는 잘생기고 못생기고를 따지는 일은 뒷전이고 살아남는 게 최우선이었다. 또 잘생기고 귀엽다고 하면 병마에 시달리거나 해코지당할지도 모른다는 노파심에 손주들을 '모과 보듯' 하면서 향토색 진한 자장가를 불렀다.

이에 비해 '흥보가'에는 놀부의 못된 심사를 '모과나무의 아들', 즉 모과라고 직설했다.

"놀보 심사를 볼작시면 초상난 데 춤추기, 불붙는 데 부채질하기… 심사가 모과나무의 아들이라."

약간 삐뚤어지고 이지러진 모과 생김새가 도리어 재미와 익살을 부른다. 속담의 "어물전 망신은 꼴뚜기가 시키고 과일 망신은 모과가 시킨다"는 말 역시 못난 행동을 풍자할 때 쓰인다. 물론 미의 기준이 사람의 개성에 따라 다르지만 보통 어느 한 군데도 예쁜 구석이 없을 때 우스개 삼아 애먼 모과나 호박에 빗댄다.

모과 향기의 진한 여운

가을이 한창 무르익으면 노란 모과는 달콤한 향으로 우리를 유혹한다. 예전에 방향제가 그리 흔하지 않던 시절 승용차 안이나

초겨울 노란 모과가 앙상한 가지에 매달려 있다. 대구 북구 조야동(2022. 12.)

방 안에 두고서 그 향을 즐겼다. 또 모과차나 술을 담가서 향과 맛을 두고두고 음미했다.

사실 모과는 썩으면서 달콤한 방향물질을 내뿜는다. 열매를 먹고 씨앗을 퍼뜨려 줄 동물을 유혹하기 위한 모과의 종족 보존 전략이다. 시간이 지나면 향을 내는 정유 성분이 밖으로 나오면서 표면이 끈적거리고 향이 더 짙어진다.

모과가 향기를 머금고 영글어가는 가을에는 가끔 영혼의 향기를 맡고 싶어진다.

대구 무열대 모과나무

대구 수성구 만촌동 무열대 부대 안에 약 500년 된 모과나무는 높이 5m, 밑동 둘레가 4m 넘는 노거수다. 북구 팔달동 일명 장태실에 있던 나무를 주민들이 희사해 1979년 11월 초에 현재의 자리로 이식됐고, 1992년 7월부터 대구시 보호수로 관리되고 있다.

큰 줄기는 썩어서 여기저기 상처를 메운 외과 수술 흔적이 있고 밑동에서 올라온 맹아가 자라서 큰 가지를 이루고 있다.

500년간 임진왜란, 병자호란, 한국전쟁 등 갖은 풍상을 겪으면서 꿋꿋이 자라온 끈기와 기상이 부대의 기백(氣魄)과 일맥상통하여 무열수(武烈樹)로 명명했다고 한다.

부대 안에 위치해서 시민들이 보려면 몇 가지 절차를 거쳐야 하는 점이 번거롭지만 장병들이 나무를 잘 관리한 덕분에 모과가 주렁주렁 달려 있다.

사육신 박팽년의 후손인 박성수가 지은 삼가헌의 대문 옆 담장 앞 탱자나무는 수령이
200년을 족히 넘는다.
대구 달성군 하빈면(2022. 6.)

탱자나무

가성비 좋은 울타리

노랗게 익은 탱자 대구 동구 봉무동(2019. 10.)

탱자나무는 1990년대까지 과수원이나 산과 가까이 있는 밭의 울타리로 흔히 볼 수 있었다. 굵은 가시가 삐쭉삐쭉해서 동물이나 외부 침입자들을 막아내는 데 안성맞춤이다. 탱자나무의 가시는 경침(莖針)으로 주엽나무, 갈매나무, 당매자나무처럼 가지나 줄기가 변한 것이다. 잘 부러지지 않고 튼튼하다.

　손가락 두 마디 길이의 날카로운 가시는 덩치가 약간 큰 동물이 비집고 들어갈 틈이 없을 정도로 가지에 빼곡하게 달려 있다. 옛날 과수원 울타리로 가꾸던 탱자나무는 사람 키를 훌쩍 넘을 정도로 높다. 과일 서리나 야생 동물들의 습격을 막을 요량으로 과수원 가장자리를 따라 빙 둘러서 심었다. 구하기 쉽고 튼튼하며 울타리를 유지하는 데 큰돈이 들어가지 않아서 요즘 말로 '가성비 최고'였다.

탱자나무 울타리의 추억

　약간 모지게 생긴 줄기는 길고 튼튼하며, 험상궂은 가시로 무장
돼 있어 함부로 접근을 못 한다. 가지의 색깔이 사시사철 초록이
라서 잎이 진 겨울에도 상록수처럼 느껴진다. 잎은 세 개씩 같이
붙어 있는 겹잎이며 잎자루에는 작은 날개가 붙어 있다. 4, 5월쯤
피는 하얀 5장의 꽃잎은 서로 떨어져 있어 성글지만 향기가 일품
이다. 가을에 열리는 탁구공만 한 노란 탱자는 억센 가시와는 달
리 탐스럽다.

　감귤나무와 4촌뻘인 탱자나무는 운향과식물로 열매의 향기가
좋다. 방향제가 귀하던 시절에는 방, 자동차 안에 놔두면 천연방
향제 구실을 했다. 먹을거리가 부족하던 시절의 어린아이들은 먹
음직하게 생긴 탱자에 군침을 삼켰지만 막상 입에 넣어보면 두 눈
이 질끈 감길 정도로 신맛이 강해 바로 내뱉기 일쑤였다.

　탱자나무의 원산지는 중국 양쯔강 상류라고 알려져 있다. 키는
2~4m 정도의 자그마한 나무다. 우리나라에 언제 들어왔는지 알
수 없다.

　박경리의 대하소설『토지』의 최 참판 댁의 설명을 보면 "사랑 뒤
뜰을 둘러친 것은 야트막한 탱자나무 울타리다. 울타리 건너편은
대숲이었고, 대숲을 등지고 있는 기와집에 안팎일을 다 맡고 있는
김 서방 내외가 살고 있었는데…"라고 묘사돼 있다.

　산이슬이 부른 가요 '이사 가던 날'의 가사에도 탱자나무가 등장
한다. 헤어지기 싫은 돌이가 장독 뒤에 숨어서 하릴없이 탱자나무
꽃잎만 흔들었다는 가사 내용은 1970년대의 동심이 담긴 수채화

탱자나무 울타리 국립대구박물관(2022. 11.)

같은 추억담이다. 요즘 농촌에 탱자나무 보기가 힘들다. 과수원 철조망이나 전기 울타리가 탱자나무 역할을 대신한다.

겨울철 탱자나무 울타리는 체구가 작은 참새들이 천적의 추적을 피해 도망치는 요새다. 매나 수리가 하늘을 맴돌아도 참새들은 탱자나무 가시에 앉아 눈치 보지 않고 한가롭게 논다. 덩치 큰 새는 좁은 나뭇가지 가시 틈바구니 사이로 들어갈 수 없기 때문이다.

조선 중기 문신 양경우(梁慶遇, 1568~1629)가 지은 「마을 일(村事)」이라는 시에 탱자나무 울타리 틈새로 나오는 병아리를 묘사한 대목이 나온다.

탱자나무 꽃 가에 작은 문 닫아놓고	枳殼花邊掩短扉
들밥 나르는 촌 아낙 더디기만 하네	餉田村婦到來遲
고요한 초가 부들자리에 나락 말리고	蒲茵曬穀茅簷靜
병아리 둘씩 허문 울 틈으로 나오네	兩兩鷄孫出壞籬

- 『제호집(霽湖集)』 제14권

탱자나무의 가시가 억세기 때문에 울타리뿐만 아니라 외적 침입을 막는 지성(枳城), 죄인을 가두는 안치(安置)의 용도로도 쓰였고, 하얀 꽃 향기나 노란 열매 덕에 정원수로도 심었다.

탱자나무 성과 위리안치

탱자나무는 흔한 쓰임의 울타리 이외에, 국토방위의 최전선에서 활약하던 나라지킴이 나무였다. 옛날에는 성을 쌓고 주위에 해자(垓字)라고 하여 성 밑에 둘러가면서 못을 파거나 탱자나무를 심었다. 특별한 장비를 갖추지 않으면 탱자나무 가시를 뚫고 성벽을 기어오르는 일이 쉽지 않다. 탱자나무로 만들어진 성이란 뜻으로 지성(枳城)이라 불렀다. 국내 대표적인 지성은 충남 서산의 해미읍성이다. 강화도에 있는 천연기념물 탱자나무 역시 외적을 막기 위해 심었다.

탱자나무가 외침으로부터 방어하는 역할도 하지만 외부와 접촉을 차단하는 용도로도 쓰였다. 조선시대 죄인을 먼 곳에 귀양 보내고 탱자나무 울타리 안에 가둬 주거를 제한하는 형벌로 안치가 있다. 일반적인 유배형보다 더 가혹한 형벌이다. 역모, 모반 등 중죄를 지은 죄인에게 내린다. 주로 왕족이나 높은 벼슬아치에게 적용됐다. 안치에 처해진 죄인의 죄가 무거우면 위리안치(圍籬安置), 천극안치(栫棘安置), 가극안치(加棘安置) 등을 적용했다.

위리안치는 집 주위에 탱자나무를 빙 둘러 촘촘하게 둘러 심어 바깥출입을 못 하게 했다. 길게는 수십 년을 탱자나무가 둘러쳐진 안에 갇혀 지냈으니 죽음보다 더 큰 외로움과 고통을 겪었을지도 모른다. 제주에서 유배생활을 하면서 세한도라는 걸작을 낳은 추사 김정희, 쫓겨난 조선의 임금 연산군과 광해군도 위리안치 신세가 됐다.

귤이 회수를 건너면 탱자 된다

경북 성주군 한개마을 교리댁 집안에 '남쪽의 귤을 북쪽에 옮겨 심으면 탱자나무가 된다'는 뜻의 남귤북지(南橘北枳)를 상징하는 탱자나무 한 그루가 있다. 150여 년 전 응와 이원조가 제주목사직을 마치고 돌아올 때 제주도 백성들로부터 감사의 뜻으로 받은 귤나무 세 그루 가운데 유일하게 살아남은 나무다. 당시에도 귤나무는 탱자나무 대목에 귤나무 가지를 접붙였는데 성주의 추위에 귤나무 접수(椄穗)는 죽고 탱자나무만 지금까지 살아남은 것으로 보인다.

중국 고전 『춘추좌씨전(春秋左氏傳)』에 귤화위지(橘化爲枳) 즉 '귤이 회수를 건너면 탱자 된다'는 말의 유래가 나온다. 생활 환경에 따라 사람이나 사물의 성질이 변함을 빗대서 말했다.

탱자나무 대구 수성구 범어공원(2020. 10.)

제나라 재상 안영이 초나라의 왕을 만나러 갔을 때 안영의 기를 꺾기 위해 제나라 출신 도둑을 잡아놓고 "당신 나라 사람들은 도둑질하는 버릇이 있는 모양이다."라고 비아냥거렸다. 이에 안영은 "귤나무가 회수(황하의 지류) 남쪽에서 자라면 귤이 열리지만 회수 북쪽에서 자라면 탱자가 열린다(橘生淮南則爲橘 生淮北則爲枳)고 합니다. 저 사람도 초나라에 살았기 때문에 도둑이 됐을 것입니다."라고 응수했다.

귤이 기후나 풍토가 바뀐다고 탱자가 되지는 않는다. 조선 초기 강희안이 쓴 『양화소록』에는 명절에 임금으로부터 하사받은 귤의 씨앗을 심어 키운 이야기가 나온다.

봄이 되자 다 가지가 돋아나 남국에서 나서 자란 것과 차이가 없고 비록 서리와 눈을 만나더라도 한결 푸르고 바람이 잔잔하게 스치면 향기 또한 흐뭇하였다. (중략) 강북에선 탱자가 된다는 말이 어찌 이치에 맞는다 하겠는가? 대개 남방과 북방의 풍토가 다름을 말했을 것이다.

조선 선비는 남귤북지의 진정한 의미를 이미 간파하고 있었다. "내 부질없는 마음엔 탱자를 갖고 물을 건너면 혹시 귤이 되지 않을까 싶어…"라는 윤대녕의 소설 「탱자」에 나오는 고모의 말이다. 남성 가부장적 시대에 가족 모두에게 외면당하면서 살아온 늙고 병든 고모가 죽기 전에 제주도로 가서 자신의 말을 들어주고 처지를 위로해 주던 조카를 만나고 떠나는 이야기다. 가족 모두가 귤이었지만 병든 고모는 보잘것없는 탱자처럼 응어리진 삶의 주인공이다. 가족들로부터 애물단지 취급당한 고모의 말에 귤화위지에 대한 회한이 진하게 묻어난다.

문경 장수 황씨 종택의 천연기념물

대구경북에도 수백 년 된 탱자나무가 있다. 문경 장수 황씨 종택의 탱자나무는 천연기념물로 보호받고 있다. 종택 안마당에 터를 잡은 탱자나무는 여러 그루가 한 그루처럼 자라고 있다. 높이 6.3m, 가슴높이 둘레 2.6m, 수관폭(樹冠幅)은 동서 9.2m, 남북 10.3m, 수령(樹齡)은 약 400년으로 추정된다. 큰 몸집의 탱자나무임에도 고유의 수형을 잘 유지하고 있어 2000년 경상북도 기념물로 지정되었다가 2019년에 천연기념물로 승격됐다. 종택에서 탱자를 약으로 쓰기 위해 심었다고 전해진다.

경북 상주시 이안리 탱자나무는 200년 넘는 세월 동안 골목길을 지나다니는 사람들의 눈길을 받으며 살아왔다. 보호수로 지정된 2005년의 기록을 보면 나무 높이가 7m로 나타나 있는 거목이다. 포항시 보경사에도 400년 된 탱자나무가 경상북도 보호수로 지정됐으나 2005년 태풍 '나비'의 피해를 입어 기념물에서 해제됐고 후계목만 남아있다.

대구 북구 국우동 일반 가정집 뒤란에 있는 탱자나무는 옛날 울타리로 심었던 것으로 보이며, 세 그루가 자라고 있다. 수령은 약 400년으로 추정되며, 세 그루 중 서쪽 언덕의 탱자나무는 지면 가까이에서 가지가 여러 갈래로 나뉘어졌는데 둥치 둘레가 1.7m에 이른다. 대구시가 기념물로 지정하여 보호하고 있다.

대구 달성군 삼가헌 담에도 수백 년 묵은 탱자나무가 집 앞을 지킨다. 사육신 박팽년의 후손인 박성수가 1769년 삼가헌 초가를 짓고 굴참나무와 함께 심었다고 한다.

수령 400년에 이르는 국우동 탱자나무. 세 그루가 대구시 기념물이다.
대구 북구 국우동(2022. 10.)

벽오동

봉황을 기다리며

벽오동 열매 대구 수성구 범어공원(2021. 10.)

전국시대 제자백가 장주(莊周)가 쓴 『장자』의 「추수」 편에 "남방에 원추(鵷鶵)라는 새는 벽오동이 아니면 앉지도 않고 대나무 열매가 아니면 먹지도 않고 예천이 아니면 마시지도 않는다."(非梧桐不止, 非練實不食, 非醴泉不飮.)는 구절이 나온다.

원추는 상상의 새 봉황을 말하며 봉황이 앉아 쉬는 상서로운 나무[祥瑞木]가 오동(梧桐)이다. 연실(練實)은 빨라야 60년에 한 번 맺힐까 말까 한 대나무 열매이며 예천(醴泉)은 어진 임금이 다스리는 시대에만 솟아나는 샘을 말한다. 한마디로 봉황은 성군이 다스리는 태평성대에만 나타난다는 전설의 새다.

봉황이 앉아 쉬는 오동은 우리가 흔히 부르는 오동나무가 아니라 벽오동(碧梧桐)을 일컫는다. 여기에 연유돼 향교나 서원, 별서 정원 등 선비들의 공간에 벽오동을 심고 가꿨다. 보통 오동나무는 속이 하얗기에 백동(白桐)이라 부르고 벽오동은 껍질이 푸르기 때문에 청오(靑梧) 혹은 청동목(靑桐木)이라고 부른다.

유박이 쓴『화암수록』의「화목구등품제」에는 오동나무를 6등에 넣고 평하기를 "벽오동이 좋은 품종이다. 화분에서도 덮개 모양으로 기르기에 좋다."라고 했을 정도로 오동나무와 벽오동을 구분하지 않았다.

나무 이름이나 목재 쓰임이 비슷하지만 전혀 다른 나무이다. 식물 분류학적으로 보면 오동나무는 현삼과이고 벽오동은 벽오동과다. 한자 梧(오)의 오동은 벽오동을 뜻하고 桐(동)은 오동나무를 뜻한다. 봉황이 쉬어가는 오동은 모두 벽오동으로 보면 된다. 오동나무로 악기를 만들듯이 벽오동도 거문고와 비파를 만드는 데 귀중하게 사용됐다. 특히 벽오동나무로 만든 거문고를 사동(絲桐)이라고 불렀다.

벽오동은 세월이 지나더라도 줄기가 푸르고 윤기가 나며 자라는 속도도 빠르다. 한 해에 1m 정도 쑥쑥 크고 높이가 15~20m까지 자란다. 줄기에 가지가 돌려나기 때문에 자란 흔적을 세보면 나이를 짐작할 수 있다.

늦봄에 잎이 돋아날 때 주황색으로 아름답게 보이는데 새잎에 돋아난 털의 색깔 때문이다. 다 자란 이파리도 오동잎처럼 넓고 손가락처럼 잎 가장자리 끝이 3~5개로 갈라진다. 여름이 시작될 무렵인 6월에 엷은 노란색을 띠는 꽃이 가지 끝에 피어 풍성한 꽃차례를 이룬다.

10월 무렵 아래로 오므린 듯 바람개비 모양의 날개에 맺힌 콩 같은 열매가 4, 5개 익는다. 열매는 한약재나 볶아서 커피 대용으로 쓰기도 한다. 입추가 지나면 벽오동 잎이 점차 노랗게 물들어

한 잎씩 지기 시작한다. 이즈음에 옛 사람들은 "벽오동 잎 한 장이 떨어지니 세상에 가을이 다가왔음을 안다."(梧桐一葉落 天下盡知 秋)고 표현했다.

봉황과 벽오동은 실과 바늘

봉황이 쉬는 터전이 벽오동이니 옛날 문장이나 글에 실과 바늘 처럼 함께 등장하는 경우가 많다. 한석봉의 천자문에는 '鳴鳳在樹 白駒食場(명봉재수 백구식장)'이라는 말이 나온다. 어진 임금이 다 스리는 세상이 되면 봉황이 나무에 앉아 울고, 망아지 같은 네발 달린 짐승들도 사람을 잘 따르게 된다는 의미다.

고려 문장가 이규보가 쓴 「오동나무를 읊다(詠桐)」에는 봉황이 오지 않으니 자못 한탄조의 심기가 배어 있다.

넓고 넓은 그늘 장막을 이루더니　　　　　　　漠漠陰成幄
나부끼는 잎사귀는 모처럼 흩어지네　　　　　飄飄葉散圭
본래 봉황 보려고 심었는데　　　　　　　　　本因高鳳植
부질없이 잡새들만 깃드네　　　　　　　　　空有衆禽棲
– 「동국이상국전집」 제1권

조선시대 문장가 송강 정철은 식어버린 선조의 사랑이 다시 찾 아오기를 기원하면서 「하당의 벽오동을 번곡하여 적다(飜曲題霞 堂碧梧)」라는 시를 썼다.

다락 밖에 벽오동나무 있건만	樓外碧梧樹
봉황은 어찌 안 오는가	鳳兮何不來
무심한 한 조각달만이	無心一片月
한밤에 홀로 서성이는구나	中夜獨徘徊

－「송강원집」 권1

봉황이 벽오동에 내려앉기를 갈망하는 이유는 벼슬에서 쫓겨나 변방에 떠도는 자신을 임금이 다시 불러주기를 간절히 바라는 마음 때문이다. 나라와 임금을 동일시하던 왕조시대에 '성은이 망극'할 정도로 임금을 사랑했거나 적어도 사랑하는 척이라도 했던 선비들은 서원이나 향교에 한두 그루 벽오동을 가꾸면서 봉황이 오기를 기다리듯 군주의 부름을 기대했다. 깨끗하고 푸르며 줄기는 곧게 올라가 절개를 지키는 선비 정신과도 잘 부합돼 벽오동을 심었는데, 여기에는 너른 잎이 햇빛을 가려줘 학문을 연마하는 공간을 여름에 시원하게 만들어 주는 실용성도 고려됐을 것이다.

이에 비해 조선 중기 퇴계의 제자이자 문신인 학봉 김성일(金誠一)은 퇴계 사후 도산서원에 들러 스승을 그리워하는 「벽오동과 대나무가 가득한 도산의 뜨락을 달빛 타고 배회하니 감회의 눈물을 흘리다(陶山梧竹滿庭 乘月徘徊 感淚潸然)」라는 긴 제목의 시를 읊었다.

저녁 구름 떠 있는 가장자리 유정문은 닫혀 있고	幽貞門掩暮雲邊
사람 없는 뜨락에 달빛만 가득하네	庭畔無人月滿天
천 길 높이 날던 봉황은 어디로 갔나	千仞鳳凰何處去
벽오동과 푸른 대는 해마다 자라건만	碧梧靑竹自年年

퇴계를 봉황에 비유하고 품격을 천 길이나 된다고 표현했다. 높은 도덕성과 심오한 철학을 가르치며 일생을 살다 간 스승을 눈물로 추억했다.

태평성대를 갈구하고 존경하는 스승을 그리워할 때만 봉황과 벽오동을 말한 것은 아니다. 판소리 '흥보가'에 흥부가 다리를 고쳐준 제비가 보은의 박씨를 물고 흥부 집에 오는 대목에도 등장한다.

반갑다 내 제비
북해 흑룡이 여의주 물고 채운간(彩雲間)에 가 넘노는 듯
단산(丹山) 봉황이 죽실(竹實) 물고 오동(梧桐) 속에 넘노는 듯
구고(九皐) 청학(靑鶴)이 난초를 물고서 오송간(梧松間)에 넘노는 듯
...

– '흥보가' 중 '제비노정기' 일부

제비가 돌아오는 광경이 얼마나 반가우면 태평성대를 상징하는 전설의 동물인 흑룡과 봉황, 청학에 비유를 했을까.

화투 11월 그림은 봉황과 벽오동

우리는 봉황을 화투판에서 자주 볼 수 있다. 화투의 11월을 상징하는 속칭 똥광 그림의 닭과 비슷한 새가 실은 봉황 머리다. 함께 그려진 오동 잎을 짧게 발음하다 보니 똥으로 부르게 됐는데 실제로는 벽오동 잎이다.

우리나라 대통령 휘장 속의 무궁화를 감싸고 있는 꼬리 긴 새가 봉황이다. 그런데 봉황을 직접 본 사람이 없으니 화투의 그림과 청와대 휘장의 이미지는 천양지차다.

난세에 태평을 상징하는 봉황을 기다리는 게 옛사람들의 마음 이었다. 첨단과학의 시대에도 나라가 제대로 되지 않으면 국민은 또 벽오동을 심고 '전설의 시대' 봉황을 기다려야 하나.

1970년대에 폐교한 복명국민학교 터. 당시 교목이 벽오동이었다.
대구 남구 남산동 동부교육지원청 뜰(2024. 8.)

　대구 팔공산 자락에 위치한 봉무동(鳳舞洞)에는 봉황과 벽오동의 전설이 있다. 옛날부터 벽오동이 많았던 이 동네의 원래 이름은 동수(桐藪)다. 조선 후기에 정자 곁에 저수지를 만들기 위해 구덩이를 팠더니 땅속에서 봉황이 나와 북쪽으로 날아가더라는 이야기가 전해진다. 정자는 다름 아닌 성리학자 봉촌(鳳村) 최상룡(崔象龍, 1768~1849)이 초가로 지은 강학소 자리에 그의 후손들이 고종 12년(1875) 지은 봉무정(鳳舞亭, 대구시 유형문화재)을 말한다. 주위에 벽오동과 대나무를 심어 인과 의를 실현하는 공간으로 구상했다고 한다.

　대구 앞산에도 벽오동이 곳곳에서 눈에 띈다. 특히 고산골 맨발로 걷는 길의 남쪽 편에 도열하듯이 늘어선 수백 그루의 벽오동은 가을에 열매를 매달고 우뚝이 서 있어 청명한 하늘과 함께 어울려 장관이다.

은행나무

_____

행단의 살아있는 화석

은행나무 열매

은행잎 바람에 떨어져 온 땅이 금으로 덮이니	鴨脚飄零滿地金
뜰 가에 바람 소리 다시는 들리지 않네	庭邊無復得風吟
밤이 오니 다시 성긴 그림자 사랑스러워	夜來還愛扶疎影
서너 번 배회하니 맑은 뜻이 깊어지네	三四徘徊淸意深

-『송자대전』 제2권

송시열의 칠언절구 「압각수를 읊다(詠鴨脚樹)」이다. 압각수는 은행나무의 잎 모양이 오리발과 같다고 해서 부르는 말이다. 노란 은행나무 잎이 바람에 떨어진 뒤 앙상해진 나뭇가지가 만추의 정취가 아닌가 싶다.

옛 선비들이 공부하는 향교나 서원에 오래된 은행나무가 있는 이유는 공자가 제자들과 강학했던 행단(杏壇)의 고사 때문이다. 그런데 중국 송나라 때 산동(곡부)의 공자묘 대전(大殿)을 이전 확장하면서 공자가 제자들을 가르치던 강당(講堂)의 옛터가 훼손되는 것을 막으려 공자의 45대손인 공도가 이곳에 살구나무를 심었고, 금나라 때에는 행단(杏壇)이라 쓴 비를 세웠다. 살구나무는 수명이 길지 않아 행단에서 사라졌다. 행(杏)은 살구나무라는 뜻도 있지만 은행나무라는 의미도 있다. 조선의 선비들은 행단의 나무를 은행나무로 여겨 배움의 공간 곳곳에 사대부의 상징물로 심었다.

은행나무가 국내에 흔하지만 원산지는 중국이다. 우리나라에는 삼국시대에 불교 전파와 함께 들어온 것으로 짐작된다.

침엽수로 분류되는 까닭

10~11월은 온통 황금빛 은행나무의 고운 자태가 절정이다. 나무 아래엔 은행 열매들이 떨어지고 부채꼴 은행잎은 샛노란 수를 놓는다. 도심과 지방도의 가로변, 관공서의 뜰, 조용한 시골 동네를 말없이 지키고 있는 크고 작은 은행나무들을 어렵잖게 볼 수 있다. 대기오염에 강하고 환경 적응력이 매우 강하기 때문이다.

은행나무가 흔하다고 해서 쉽게 보면 안 된다. 천 년 이상의 수명을 자랑하며 오랜 세월 범상치 않은 모습으로 우리 곁을 지켜온 나이 많은 은행나무가 갖는 정신적 의미와 가치는 무엇과도 비교할 수 없다. 그래서 많은 공공기관이나 학교, 지방자치단체들이 은행나무를 구·시·군 나무로 삼고 있다. 대구 동구, 북구, 수성구와 경북 안동시, 영주시, 경산시, 영천시, 성주군, 예천군의 상징나무가 은행나무다.

은행이란 이름은 그 열매의 모양이 노란 작은 살구를 닮았고 속의 핵과가 하얗다고 해서 붙여졌다. 은행의 핵과를 백과라고 부르는 것도 희기 때문이다. 은행나무를 심으면 손자 대에나 열매를 얻을 수 있다고 해서 공손수(公孫樹)라 부르기도 하고 행자목(杏子木)이라는 별명도 지니고 있다.

오래된 은행나무에는 암나무와 수나무를 가리지 않고 유주(乳柱)라는 혹이 생기기도 한다. 생김새가 여인의 유방을 닮았다고 하여 붙여진 이름이며 공기뿌리와 비슷한 역할을 한다.

은행나무는 2억 7천만 년 전, 늦추어 잡아도 공룡시대인 쥐라기(1억 3천500만~1억 8천만 년 전) 이전부터 지구에 터를 잡아왔다. 진화의 영향을 받지 않고 지금과 거의 같은 모습으로 살아가기 때문에 찰스 다윈은 '살아있는 화석(living fossil)'이라고 했다. 이 말은 오랜 진화의 역사 속에서 자기만 살아남고 친척이 모두 사라져 버린 종을 가리킨다. 그만큼 환경에 잘 적응하며 살아왔다는 뜻으로 읽힌다.

은행나무는 식물분류학으로 보면 1목, 1과, 1속, 1종이다. 넓은 잎을 가졌음에도 침엽수로 분류된다. 나무 종류를 보다 정확하게 분류한다면 '은행수, 침엽수, 활엽수'로 분류해야 하지만 하나의 종(種)밖에 없는 은행나무 때문에 따로 떼서 취급하기가 너무 불편하니 편의상 침엽수에 포함시킨다는 게 학자의 설명이다.

은행나무는 암수딴그루로 높이 50m, 줄기 지름 4m에 이른다. 꽃은 4~5월에 잎과 함께 피는데 눈에 확 띄지 않아서 꼼꼼하게 살펴보지 않으면 놓치기 쉽다. 수꽃은 연한 황록색이며, 암꽃은 녹색이고 잎 사이에 1~6개씩 달린다. 놀라운 사실은 은행나무 수꽃의 꽃가루가 암꽃에 도착하면 섬모를 가지고 있는 정충의 운동으로 수정한다는 점이다.

은행 열매는 핵과(核果)로 럭비공 모양이며 10월에 노랗게 익는다. 바깥껍질에서는 고약한 냄새가 날 뿐만 아니라 맨손으로 함부로 만지면 옻과 같은 피부 알레르기 반응을 일으키기도 한다. 껍질을 벗기면 백과라고 부르는 속 알맹이가 나오는데 독이 있어서 익혀 먹어야 한다. 또 한꺼번에 많이 먹으면 부작용이 생길 수 있다고 한다.

목재는 단단하고 질이 좋아 바둑판, 불상, 가구, 밥상을 만드는 데 주로 이용된다. 특히 은행나무로 제작한 대들보를 행량(杏梁)이라고 하는데 가옥이 고귀하다는 의미가 내포돼 있다.

영주 순흥과 흥망성쇠 함께한 압각수

> 압각이 다시 살아나면 순흥이 회복되고 　　鴨脚復生順興復
> 순흥이 회복되면 노산도 복위된다 　　順興復魯山復位

조선 실학자 성호 이익(李瀷, 1681~1763)의 『성호사설』 제6권 「만물문(萬物門)」에 실린 '압각(鴨脚)'이라는 제목의 글에 나오는 순흥 사람들의 구전(口傳)이다. 조선 후기 순흥도호부 지역을 소개한 『재향지(梓鄕誌)』의 「순흥지(順興誌)」 '고적 압각수(古蹟 鴨脚樹)'에도 같은 내용이 나온다. 영주시 순흥면 내죽리 금성대군

신단 이웃에 있는 은행나무를 말한다. 이 나무는 순흥의 아픈 역사와 고을 사람들의 꺾이지 않는 기개를 함께 간직한 소중한 나무다.

여기에는 단종복위운동에 얽힌 정축지변(1456)의 피비린내 나는 역사가 새겨져 있다. 세조 3년에 순흥(順興)에 귀양 온 금성대군이 왕위를 뺏긴 어린 조카 단종을 복원시키려 격문(檄文)을 돌리고 군사를 일으키려다가 발각됐다. 이에 순흥도호부는 해체되고, 관군들이 죽령을 넘어와 금성대군 무리에 가담한 혐의로 사방 30리 안에 사는 사람을 숙청하는 피바람을 일으켰다. 이즈음 순흥 읍내에 있던 큰 은행나무도 저절로 말라죽어서 밑동만 남게 됐다. 어떤 노인이 지나가며 "은행나무가 다시 살아나면 순흥이 회복되고…"라는 말을 했는데 감개한 지역 선비들은 이야기를 전송(傳誦)했다.

200여 년이 지난 1681년 봄에 죽었던 줄 알았던 은행나무에서 비로소 새 가지가 돋고 잎이 피더니 1683년 순흥도호부가 드디어 다시 설치됐다. 노인의 말처럼 순흥 고을의 흥망성쇠를 같이한 경이로운 이력을 가지고 있는 은행나무다. 뿌리에서 자란 큰 가지는 말라 없어지고, 옆으로 새로 싹튼 줄기 두 개가 성장해서 멀리서 언뜻 보면 두 그루처럼 보인다.

디지털영주문화대전에는 압각수의 나이가 1200살로 나온다. 우리나라에서 가장 오래된 것으로 알려진 경기도 용문사의 1100년 묵은 은행나무보다 나이가 더 많은 셈이다. 현재 경상북도 보호수로 지정되어 있으며, 높이는 30m 정도다.

경주 운곡서원 은행나무

정축지변에 연루된 사람 중에는 죽림(竹林) 권산해(權山海, 1403 ~1456)도 있었다. 성삼문(成三問) 등과 단종 복위를 모의하다 발각돼 투신 자결하고 만다. 이 때문에 가족들은 변방으로 옮겨 살아야 했으며 자손들은 100년 동안 벼슬하지 못하는 고통을 겪었다. 세월이 흘러 숙종 때 대부분의 사육신들이 복권됐지만 죽림은 누락됐다. 죽림의 12대손 권종락(權宗洛)이 정조에게 눈물로 호소해, 권산해는 1789년 복권되고 금성단에 배향됐다. 권종락은 금성단의 압각수 가지 두 개를 가지고 400여 리나 떨어진 경주 운곡사(雲谷詞)에 한 달 만에 도착해서 심었다. 운곡서원의 은행나무는 순흥 금성단의 충성스러운 압각수의 분신이다.

조선 후기 문신 윤기(尹愭)의『무명자집』시고2책의「죽림(竹林) 권공(權公)이 벼슬을 추증 받은 것을 축하하며」라는 율시에 이와 관련된 이야기가 들어있다.

대구경북 향교·서원의 터줏대감

선비의 고장인 대구경북에도 많은 은행나무 노거수가 자리 잡고 있다. 천연기념물인 안동 용계리, 구미 농소리, 김천 조룡리, 청도 대전리, 청도 적천사의 은행나무가 우람한 위용을 뽐내고 있다.

안동 용계리 은행나무는 임하댐 수몰지역인 길안초등학교 용계

분교 운동장 한편에 서 있던 것을 1990년부터 1993년까지 4년에 걸쳐 23억 원을 들여 지금의 자리에 옮겼다. 키가 31m에 가슴높이 줄기 둘레가 14m에 이르는 우리나라에서 가장 큰 은행나무인데 15m의 높이로 흙을 쌓아 현재 위치로 들어 올리는 상식(上植) 공사에 성공한 경우다.

청도 대전리와 구미 농소리에 있는 은행나무는 마을에 자리 잡고 있다. 적천사의 은행나무는 절 입구에 서있어 관광객들이 즐겨 찾는 명소다.

천연기념물은 아니지만 대구 달성군의 도동서원과 경북 영천시의 임고서원, 봉화 봉화향교 등지의 은행나무 노거수는 그 지역 명물로 통한다.

도동서원 은행나무와 김굉필

　한훤당(寒暄堂) 김굉필(金宏弼, 1454~1504)을 배향한 달성군 구지면 도동서원 입구에는 400여 년 된 은행나무가 있다. 한훤당의 외증손인 한강 정구가 지금의 자리에 도동서원을 중건한 1605년에 기념으로 심었다. 수월루 앞을 지키는 이 나무는 수형 모양이 독특한데 구불구불 휘어져 있기도 하고 무게를 이기지 못한 큰 가지 하나는 땅 바닥에 닿았다가 다시 하늘을 향해 용틀임하듯 일어서 있다. 온갖 시련과 압박에도 선비 절개를 간직한 고고한 풍모를 보여준다.

　한훤당은 조선 전기 유학자로 동방오현(東方五賢)으로 추앙된다. 김종직의 제자이자 조광조의 스승이며 『소학』을 중시하여 스스로를 소학동자라고 불렀다. "자신을 수양하는 데 힘써서 참다운 실천으로 공부를 삼은 자는 오직 한훤당 한 사람뿐", 이는 퇴계 이황의 송찬이다. 무오사화에 연루되어 희천으로 유배당하자 조광조가 그를 찾았던 일화가 있다.

봄春
―――
백화경염 百花競艶
뭇 꽃들 경쟁

여름夏
―――
화양연화 花樣年華
신록의 잔치

가을秋
―――
감홍난자 酣紅爛紫
화려한 결실

겨울冬
―――
독야청정 獨也青青
홀로 선 나무

왕죽은 시골 마을이나 집 주위에서 볼 수 있다. 생활도구를 만들 요량으로
인위적으로 심었다.
대구수목원(2023. 10.)

대나무

사람이나 나무나 올곧게

왕죽꽃 포항시 인비리(2021. 5.)

울긋불긋 단풍이 떨어져 흙빛이 된 지 며칠 지나지 않았는데 푸른 나뭇잎의 싱그러움이 그리운 게 겨울이 성큼 다가오고 있다는 증거다. 옛 사람들은 소나무나 측백나무, 향나무처럼 사시사철 푸름을 간직하는 나무를 지조와 절개의 상징으로 생각했다. 대나무는 잎과 줄기가 늘 푸르고 곧아서 서상(瑞祥)식물로 여겨지면서 시와 문장, 그림으로 다양하게 칭송받아 왔다. 특히 선비들로부터 매화, 난초, 국화와 더불어 사군자로 대우받는 영광을 누리고 있다. 또 소쇄(瀟灑)한 이미지는 '대쪽 같은 성격'이나 '대나무 같은 지조'라는 훌륭한 사람의 성격을 비유하기도 하고 '송죽 같은 절개'라 하여 찬사를 보내기도 했다.

죽당기에 담긴 대나무의 성질

조선시대 문장가 서거정은 대밭에 두어 칸 집을 짓고 죽당이라고 이름을 붙인 신숙서(申叔胥)의 권유로 지은 「죽당기(竹堂記)」를 통해 대나무의 성질을 조목조목 풀이했는데 대나무에 관한 선비들의 관조적 태도를 함축적으로 잘 나타내고 있다.

아마도 대란 그 성질이 곧으니, 곧으면 사곡(邪曲)하지 않고 그 속이 비었으니, 비면 받아들일 수 있으며, 통하되 마디진 것은 예(禮)가 되고, 절이 있으되 잘 꺾어지는 것은 의(義)가 되고 여러 가지 아름다운 점을 갖춘 것은 인(仁)이 여러 덕을 포함한 것이요, 겨울에 알맞은 것은 지(智)에 속한 것이요, 우뚝이 빼어나고 굳세게 굽힐 줄 모르는 것은 용(勇)의 기상이요, 사시를 통하여 가지와 잎을 바꾸지 않는 것은 그 지조요, 눈과 서리를 무시하고 겨울을 나는 것은 굳건한 그 절개요, 봉황새가 아니면 깃들지 못하고 군자가 아니면 벗할 수가 없으니, 그 덕이 아니라면 되겠는가. 이것은 대의 성정인데도 고금을 통해서 아는 자가 적었다.

– 「속동문선」 제13권

새집을 지어 준공할 때 축문에 쓰는 죽포송무(竹苞松茂)라는 말은 대나무의 밑동처럼 단단하고 소나무같이 무성하라는 뜻으로 대나무와 소나무가 단짝으로 조화를 이룬다.

좋은 의미에 자주 거론되는 대나무는 정작 국가생물종지식정보센터의 나무 검색에는 나오지 않는다. 우리가 흔히 부르는 대나무는 벼과의 식물 중 왕대속, 해장죽속, 조릿대속에 들어가는 식물을 아우르는 말이기 때문이다.

풀이냐 나무냐

나무도 아닌 것이 풀도 아닌 것이
곧기는 누가 시키며 속은 어이 비었느냐
저렇게 사시에 푸르니 그를 좋아하노라

조선시대 문인 고산 윤선도가 지은 시조 「오우가(五友歌)」 가운데 제5수 죽(竹, 대나무)을 읊은 부분이다. 대나무의 식물학적 특성을 잘 간파한 작품이다.

왕대속의 대나무는 60년에 한 번 꽃이 피면 생을 마치는 개화병(開花病)의 특징을 가지고 있는데 이는 꽃 피고 열매를 맺게 되면 대궁이 말라죽는 벼과 식물들의 성질과 같다. 부름켜가 없어서 부피 생장을 하지 않고, 속이 비어 있어 나이테도 없고, 죽순에서 키가 한꺼번에 자라면 더 이상 성장하지 않는 특성 때문에 풀로 볼 수 있다.

그러나 매년 지상부가 죽어버리는 풀과는 다르게 대나무는 수십 년 동안 살아 있으며 단단한 목질을 가지고 있어 나무의 특성도 지니고 있다. 식물학적으로는 풀이지만 사람들이 이용하는 측면에서 보면 영락없는 나무다. 그래서 옛날 사람들은 '풀이냐 나무냐' 하는 식의 이분법으로 구분하기가 애매해 비목비초(非木非草)로 취급하고 대나무 이름에 나무를 빼고 대라고 불렀다.

생활에 요긴하게 쓰인 대나무

우리나라에 자라는 대나무 종류에는 왕대속, 해장죽속, 이대속, 조릿대속 등 4속 14종류가 있다.

가장 굵고 큰 왕대속에는 왕대, 솜대 오죽 등이 포함된다. 죽순이 굵어서 먹을 수 있는 국내 맹종죽은 약 120여 년 전에 일본에서 건너왔다. 부산 기장군의 아홉산 숲은 맹종죽 숲으로 널리 알려져 있다.

왕대는 참대라고도 하며 죽순이 늦게 올라와 늦죽으로도 불린다. 분죽(粉竹)으로도 불리는 솜대도 왕대의 한 종류다. 번식력이 뛰어나고 추위에도 강하다. 지금은 민속박물관에서나 볼 수 있는 생활도구인 광주리, 바구니, 우산대, 부챗살, 죽부인 등 생활도구를 만드는 데 쓰였다. 또 길고 가벼워 바지랑대, 깃대, 낚싯대, 감따는 장대, 배의 삿대 등으로도 쓰였다. 플라스틱이나 가벼운 소재의 화학제품 도구가 나오기 전에 대나무는 죽세공품으로 만들어져 생활에 아주 요긴하게 활용됐다.

이대는 동해안이나 마을 뒷산에서 흔히 볼 수 있다. 죽간이 가늘어서 붓대나 담뱃대, 어구(漁具) 등 생활용품에 많이 쓰여 마을 주변에 많이 심겨 있다. 옛날에 화살로도 많이 사용돼 시죽(矢竹) 혹은 전죽(箭竹)으로도 불렸으며 추위에 강하다.

조릿대는 높은 산 중턱에 많이 자라기 때문에 산죽(山竹)으로도 부른다. 추위에 잘 견디고 키가 1~2m 나지막하고 줄기가 가늘어 이름 그대로 쌀을 이는 도구인 조리를 만드는 데 사용돼 조릿대라는 이름이 정착됐다. 요즘 추수는 콤바인으로 들에서 벼를

베는 즉시 자동 탈곡되지만 옛날에는 흙 마당에서 타작했기 때문에 탈곡한 벼에 흙과 돌이 섞여 들어갔다. 벼를 찧어서 쌀을 물속에서 흔들어 일면 가벼운 쌀은 조리에 담기고 물은 얼금얼금한 구멍으로 빠져나가고 돌은 무거워 바닥에 가라앉는다. 음력 섣달그믐에 이듬해 1년 쓸 조리를 한꺼번에 사서 실이나 엿을 담아 벽에 걸어 두었다. 조리로 쌀을 이듯이 복도 이라는 뜻에서 복조리라고 불렀다. 1980년대까지 농촌 청년단체인 4H 회원들이 수익사업으로 복조리를 팔기도 했다.

대나무 줄기가 검은색을 띠는 품종을 오죽(烏竹) 혹은 자죽(紫竹)이라고도 부르는데 옛날부터 관상 가치를 매우 높게 쳤다. 강희안이 쓴 『양화소록』이나 유박의 『화암수록』에는 대나무를 화훼의 으뜸으로 치고 그중에서도 오죽을 귀하게 여겼다. 강릉의 오죽헌에 많으며 예전에 경북 경주 양동마을 뒷산에도 많았다. 오죽에 비해 검은 색이 고르지 못하고 얼룩진 대나무를 반죽(斑竹)이라고 부른다.

신라의 대나무 전설과 설화

신라시대부터 대나무가 큰 관심의 대상이었음을 보여주는 설화가 여러 책에 전해진다.

『삼국사기』 권47의 「열전」 편에 신라 장수 '죽죽(竹竹)'에 대한 이야기가 나온다. 그의 아버지가 대나무처럼 올곧게 살라는 의미로 이름을 죽죽이라 지었다. 선덕여왕 때 대야주(경남 합천)에 백제군이 쳐들어왔을 때 죽기를 각오하고 맞서 싸우다 장렬히 전사했다. 주위에서 항복을 권유하자 그는 "아버님이 추운 겨울에도 시들지 말고 남들에게 꺾일지언정 굴복해서는 안 된다는 뜻으로 이름을 지어준 것이오."라며 목숨 바쳐 항전했다. 임전무퇴의 정신으로 심지가 굳은 신라인이 아들을 '대쪽 같은' 장수로 키웠다. 경북 영주와 충북 단양을 잇는 죽령(竹嶺)이라는 옛길을 개설한 사람도 죽죽 장군이라고 한다.

신라 사람들은 대나무를 호국정신의 발로로 생각한 모양이다. 『삼국유사』 권1 「기이」 편에는 미추왕죽엽군설화(未鄒王竹葉軍說話)가 전한다. 신라 14대 유례왕 때 이서국(청도 지역에 있던 부족국가) 병사들이 금성(경주)을 공격해 왔다. 신라는 힘이 모자랐으나 갑자기 대나무 잎을 귀에 꽂은 군사들이 나타나 도와준 덕에 전세를 돌려놨다. 적이 물러난 뒤에 보니 미추왕릉 앞에 대나무 잎이 잔뜩 쌓여 있어 그제야 선왕이 음(陰)으로 도왔음을 알게 됐고 미추왕릉을 죽현릉(竹現陵)이라 불렀다고 한다. 지금도 경주 미추왕릉에는 대나무가 자란다.

조선 선조 때 문신 권문해(權文海, 1534~1591)가 지은 백과사전인 『대동운부군옥(大東韻府群玉)』에는 김유신의 죽통(竹筒)미녀(美女) 설화가 전해진다.

신라의 김유신 장군이 젊었을 때, 서주(西州, 충청남도 서천의 옛 지명)에서 경주로 돌아오는 길에 기이한 나그네를 보았다. 그 나그네의 머리 위에는 신비로운 기가 감돌고 있었다. 나그네가 나무 밑에서 쉬고 있었기에 김유신도 쉬면서 자는 척하고 살펴보니 나그네는 행인이 없음을 확인하고 품속에서 죽통을 꺼내어 흔들었다.

그러자 그 죽통에서 미녀 두 명이 나와서 그와 이야기를 하다가 다시 죽통 속에 들어갔다. 잠시 후 그 행인이 다시 길을 떠나려고 해 김유신이 쫓아가 말을 걸어보니 음성이 온화했고 부드러웠다. 김유신과 나그네가 함께 여행해서 경주로 돌아온 뒤 김유신이 남산 소나무 아래에서 베푼 술자리에 두 미녀도 죽통에서 나와 즐겼다.

잔치가 끝난 후, 나그네가 말했다. "저는 서해에 사는데 동해에서 아내를 맞았습니다. 지금 아내와 함께 시부모님을 만나러 가는 길입니다." 그 말이 끝나자, 구름과 안개가 끼더니 나그네와 그의 아내는 사라졌다.

신비로운 이야기는 지금 전해지지 않는 「수이전」에 실린 이야기로써 작자는 미상으로 알려지고 있으나, 고려시대 박인량이 쓴 것으로 추정된다.

『삼국유사』권2 「기이」 편에는 만파식적(萬波息笛)이라는 피리에 얽힌 이야기도 나온다.

신라 31대 신문왕이 아버지 문무왕을 위해 지은 절 감은사(感恩寺) 앞의 동해 작은 산 위에 용으로부터 얻은 대나무로 피리를 만들었다. 그것을 부니 적병은 도망가고 질병이 치유되고 가뭄에는 비가 내리고 장마에는 날이 개고 바람은 멎고 파도는 잔잔해지는 위력이 나타났다고 한다.

절의의 상징 혈죽(血竹)

　　일편단심과 절의의 상징인 혈죽(血竹)은 고려의 마지막 충신 포은 정몽주(鄭夢周)의 죽음과 연관돼 있다. 이성계의 아들 이방원(후에 조선 태종)이 공양왕을 폐위하고 조정을 장악하기 위해 「하여가(何如歌)」를 지어 보내 지지해 줄 것을 요청하였으나 포은은 「단심가(丹心歌)」로 단호하게 거절했다. 이 때문에 포은이 이방원 일파에 의해 선죽교에서 피살됐다. 포은의 혈흔이 떨어진 다리 틈새에서 대나무가 자라나자 원래 이름 선지교(善地橋) 대신에 선죽교(善竹橋)로 고쳐 부르게 되었다.

　　또 대한제국의 대신 민영환이 을사늑약에 분개해 자결하자 그의 피 묻은 옷과 칼을 집 뒷방에 봉안했다. 7개월이 지난 어느 날 가족이 문을 열어보니 푸른 대나무가 마루 틈으로 솟아올라 있었다. 이런 사실이 대한매일신보에 보도됐고 이후 혈죽(血竹)으로 명명됐다. 당시 문인과 학생들은 잇따라 충절의 시를 짓고 노래를 지어 민영환의 뜻을 되새겼고 박은식도 「혈죽기편」을 지어 당시 상황을 기록했다고 전한다.

　　옛말 죽장망혜(竹杖芒鞋)는 대지팡이와 짚신을 일컫는다. 먼 길을 떠날 때 아주 간편한 차림을 말한다. 죽장망혜로 전국을 떠돌던 김삿갓(김병연)의 「죽시(竹詩)」는 대[竹]로 엮은 해학이 돋보여 여기에 소개한다.

이대로 저대로 되어 가는 대로	此竹彼竹化去竹
바람 부는 대로 물결치는 대로	風打之竹浪打竹

밥이면 밥, 죽이면 죽, 이대로 살아가고	飯飯粥粥生此竹
옳으면 옳고 그르면 그르고, 저대로 맡기리라	是是非非付彼竹
손님 접대는 집안 형세대로	賓客接待家勢竹
시장에서 사고 팔기는 세월대로	市井賣買歲月竹
만사 내 마음대로 하는 것만 못하니	萬事不如吾心竹
그렇고 그런 세상 그런대로 지내세	然然然世過然竹

군위 감정가 10억 원 열녀서씨포죽도

2012년 당시 경북 군위군 효령면 도재홍 씨가 소장한 조선시대 그림 〈열녀서씨포죽도〉가 KBS1 TV '진품명품'에서 감정가가 10억 원으로 나와 화제가 됐다. 〈열녀서씨포죽도〉는 『세종실록』, 『속삼감행실도』, 『동국여지승람』에 실린 열녀 서씨에 관한 그림으로 1795년 조선 화가 이명기가 그린 그림이다.

군위군 효령 성리에 살던 도운봉(都雲峯)이 결혼한 지 얼마 안 돼서 천연두에 걸려 세상을 떠나자 부인 달성 서씨는 17년 동안 매일같이 대숲에 들어가 남편이 완상하던 대나무를 안고 슬퍼했다. 그러던 세종 15년(1433)에는 기이하게도 흰 대나무[白竹] 세 그루가 자라났다. 훗날 경상감사가 세종께 이 사실을 보고하고 정려문을 세워 줄 것을 요청했다.

세종은 하얀 대나무가 어떻게 생겼는지 그림을 그려서 올리라고 지시했다. 이 그림이 〈백죽도(白竹圖)〉로 아쉽게도 임진왜란으로 인해 불타버려 현재 남아있지 않다. 세종은 그림을 본 후 정려와 복호를 내리고 직접 지은 어제시(御製詩)를 보냈다.

오죽은 줄기가 검은색을 띠는 특징 때문에 예로부터 선비들의 사랑을 받아 정원수로 많이 심겼다.

〈백죽도〉가 낡게 되자 성주 도(都)씨 후손들은 영천 신령에 찰방(현재 우체국장)으로 부임한 화가 이명기에게 세종 임금이 하사한 시를 가지고 가서 그림을 부탁했다. 이명기는 크게 탄복하여 화제를 〈열녀서씨포죽도〉로 정해 그림을 그리고 위쪽에 세종대왕의 어제시를 함께 써놓았다. 이명기는 정조의 어진을 그린 화가로 당시 김홍도에 버금간 인물이다.

군위군 효령면 성리에는 열녀 서씨(徐氏)를 추모하는 백죽각(白竹閣)이라는 정려각이 지금도 있다. 정려는 충신, 효자, 열녀의 행적을 기리기 위해 마을이나 집 근처에 세운 문이나 건물 등을 말한다.

조릿대는 산에서 흔하게 볼 수 있고 조경수로도 많이 심는다.
국립대구박물관(2022. 3.)

달서구 죽전동(竹田洞)은 대구광역시 달서구의 24개 법정동 중 하나로 농림촌, 상리(上里), 송골, 옷박골(옥박골, 옻밭골), 큰마실(큰마)등의 자연마을이 있었다. 주민들이 부업으로 대나무 갈퀴를 많이 만들어 팔았는데 갈퀴를 만들 대나무가 많아서 대밭의 한자 '죽전(竹田)'으로 불렸다.

달성군 죽곡리(竹谷里)는 자연마을 죽곡(竹谷), 대실에서 나온 명칭이다. 신라시대에 가야의 침략에 대비하기 위해 산에 성을 쌓고, 화살로 사용하고자 성 아래 대나무를 심어, 마을 전체가 대나무로 덮여 있다고 하여 대실 또는 죽곡으로 부르게 되었다.

팔공산 잣나무 조림지 (2019. 10.)

잣나무

늙은 나무도 동량 된다

경상북도농업기술원 앞뜰에 있는
정원수 섬잣나무
대구 북구 동호동(2020. 11.)

옛날 시골 사람이 한양 나들이에 나섰다. 이것저것을 구경하며 돌아다니다 보니 돈이 떨어지고 배가 고팠다. 시골 사람은 어느 가게 앞에서 옷을 가리키며 주인에게 무엇이냐고 물었다. '옷이오(오시오)'라는 대답을 듣자마자 가게 안으로 들어갔고 잣을 보고 또 무엇이냐고 물었다. '잣이오(자시오)'라는 대답을 듣고 잣을 한 움큼 집어 먹었다. 허기를 면한 시골 사람은 이번엔 머리에 쓰는 갓을 가리키며 무엇이냐고 물었고 '갓이오(가시오)'라는 주인의 대답을 듣고 인사를 하며 집으로 갔다.

잣은 예전에 흔히 먹을 수 있는 식품이 아니었기 때문에 꾀를 써서 얻어먹었다는 전래동화다.

잣은 한반도 특산물

먹을 수 있는 잣이 열리는 잣나무는 한반도에서 자라며 상록침엽수다. 학명에도 코라이엔시스(*Pinus koraiensis*)라는 단어가 들어 있다. 중국인은 신라송, 일본인은 조선오엽송, 서구에서는 코리안파인(Korean pine)으로 부른다. 소나무 잎이 두 개인 데 비해 잣나무 잎은 다섯 개가 모여 나며 잎 양쪽에 숨구멍이 있어 멀리서 보면 희끗희끗하게 보인다. 어른 주먹보다 굵은 잣송이에 씨앗이 보통 100여 개가 들어있지만 아주 굵은 송이에는 200개나 들어 있다고 한다. 송진이 묻어나는 잣송이의 비늘을 뒤로 젖히면 비늘 사이에 딱딱한 알맹이가 들어있다. 잣의 배젖에는 지방유(脂肪油)와 단백질이 많이 함유돼 있어 고소하고 향이 좋다. 자양강장 효과가 있어 약용으로 요긴하게 쓰였다.

잣나무는 한반도에서 만주에 걸친 지역에서 분포하지만 중국의 만리장성 이남의 본토에는 자라지 않는다. 신라시대 사신들이 당나라로 갈 때 잣을 많이 가지고 가서 팔았기 때문에 중국 사람들은 잣을 신라송자(新羅松子)라고 불렀다. 또 바다 건너 신라에서 왔다고 해서 해송자(海松子)로도 불렀다.

『삼국유사』 권5 「피은(避隱)」 편의 '신충이 벼슬을 버리다(信忠掛冠)'라는 일화에는 잣나무가 신의(信義)의 증거로 등장한다.

신라 효성왕이 왕위에 오르기 전 어진 선비 신충과 더불어 자주 궁중의 뜰에 있는 잣나무 아래서 바둑을 두면서 때로는 시문을 논하고 세상 이야기도 했다. 하루는 신충에게 "훗날 만약 그대를 잊는다면 저 잣나무가 증거가 될 것이다."고 말했다. 효성왕이 임금 자리에 올라 공신들에게 상을 주면서 정작 신충을 잊어버렸다. 이에 신충은 '뜰의 잣나무가 가을에 시들지 않듯이 너를 어찌 잊으랴. 우러러보던 얼굴 계시온데 달그림자가 옛 못의 일렁이는 물결을 원망하듯이 네 얼굴만 바라보니 세상도 싫구나' 라는 글을 지어 잣나무에 붙였더니 나무가 갑자기 시들어버렸다. 이를 이상히 여긴 왕이 사람을 보내 나무를 살펴보게 했더니 신충의 글이 있기에 왕에게 갖다 바쳤다. 왕이 크게 놀라 신충에게 벼슬을 주니 잣나무는 그제야 다시 살아났다.

잣나무는 소나무과 집안의 나무라서 사시사철 늘푸른잎을 가졌다. 한겨울에도 변함없이 푸르기 때문에 한국인이 아끼는 나무 중 하나다. 소나무와 함께 송백(松栢)으로 부르고 고고한 선비의 기상과 충정에 자주 비유됐으며 이미 통일신라시대에 잣나무를 궁중에 심을 만큼 귀한 대접을 받아왔다.

고급 목재 홍송

대구 앞산 고산골에서는 1980년대 조림 사업 덕분에 잣나무를 어렵잖게 볼 수 있다. 대형 산불피해를 입은 산림을 복구하기 위해 1983년 축구장 33개(24ha) 넓이로 조림돼 지금은 시민들의 삼림 휴식처로 주목받고 있다. 팔공산 곳곳에도 조림단지가 눈에 띈다.

산에 잣나무는 많지만 잣송이를 구경하기 힘든 이유는 심은 지 20년이 지나야 잣이 열리고 수령이 30년 넘어야 상품성이 있기 때문이다. 또 작황이 해마다 고르지 않은 점과 잣송이가 나무 꼭

247

대기 우듬지 바로 아래에 열려 따기 힘든 것도 한 원인이다.

김천시 수도산에도 아름드리 잣나무들이 산책로를 따라 도열해 있어 장관이다. '수도산 치유의 숲'의 자작나무 조림지를 가기 전에 왼쪽 모퉁이 산책길을 따라가면 하늘을 향해 쭉쭉 치솟은 회갈색의 잣나무들이 능선을 차지하고 있다. 돌려나는 가지가 사방으로 고루 뻗어 긴 삼각형의 안정된 수형을 자랑한다. 빽빽한 나무 사이로 조성된 덱을 걷다 보면 저절로 얻게 되는 게 힐링이다. 늦가을에 가면 어른 주먹보다 큰 잣송이들이 길가에 널브러져 있는 광경도 볼 수 있다.

잣나무 목재는 약간 붉은 기가 돌아서 홍송으로 불리는데, 향기가 좋고 틀어짐이나 수축과 팽창이 적으며 가벼워 고급 건축재나 가구재로 이용된다. 나무진(송진)이 있어 백주(栢舟)로 불리는 선박을 만드는 데도 많이 쓰였다.

유명한 기생 황진이는 말년에 잣나무 배를 보고 첫사랑을 회상하는 시 「소백주(小栢舟)」를 지었다.

저 강 가운데 떠있는 조그만 잣나무 배	汎彼中流小栢舟
몇 해나 물가에 한가로이 묶여있던가	幾年閑繫碧波頭
후일 사람이 누가 먼저 건넜느냐고 물으면	後人若問誰先渡
문무를 모두 갖춘 만호후라 하리	文武兼全萬戶侯

찾아주는 사람 없는 자기 신세가 꼭 몇 년째 물가에 마냥 묶여있는 잣나무 배처럼 처량했을까. 누가 첫사랑이냐고 훗날 묻는다면 모두 갖춘 멋진 분이라고 하리라는 대목에서 순정이 느껴진다.

우리나라 잣나무 무리

우리나라에서 자라는 잣나무 무리에는 토종 잣나무와 울릉도에서 자라는 섬잣나무, 설악산 대청봉 등 높은 산꼭대기에서 자라는 눈잣나무가 있다. 또 조경용으로 뜰이나 정원에 많이 심는 오엽송과 1920년대 북아메리카 동부지역이 원산인 스트로브잣나무가 있다.

눈잣나무의 접두사 '눈'은 '누운'의 준말이다. 설악산 대청봉이나 중청봉 정상부에 강한 바람의 영향으로 땅에 기듯이 아주 낮게 자라는 품종이다.

우리나라 식물 이름에 접두사 '섬'이 들어가면 대부분 울릉도 특산종이다. 섬잣나무 역시 울릉도가 고향으로 잣송이가 작고 날렵하며 씨앗에 짧은 날개가 붙어있는 것이 잣나무와 다른 점이다. 섬잣나무에는 울릉도에서 자라는 진짜 섬잣나무와 일본에서 개량돼 요즘 정원에 많이 심는 오엽송(五葉松)이 있다.

북미서 한반도에 이민 온 스트로브잣나무는 잣송이가 길쭉하며 가지에 올망졸망 달렸을 때 땅을 향하고 있다. 요즘 아파트단지 주변 조경용으로 심는 잣나무는 대부분 스트로브잣나무다.

영천 송곡서원에 배향된 조선 전기 학자 류방선(柳方善)이 지은 한시 「古栢(고백)」은 늙은 잣나무에 바람직한 선비의 모습을 투영하며 예찬했다.

빈들에 홀로 늙은 가지 길기도 하여라　　　　　　　獨立空原老幹長

하늘이 특이한 물건을 냈으니 어찌 평범하리오　　　天生異物豈尋常

고운 자태를 가지고 복사꽃 자두꽃과 다투겠는가　寧將艶態爭桃李

다만 곧은 마음 보존하여 눈서리를 업신여기네　　但保貞心傲雪霜

추운 날씨인들 천년의 푸름을 바꾸겠는가　　　　　寒色肯移千載翠

성긴 그늘이지만 사시의 서늘함 변하지 않네　　　疎陰不變四時凉

재목이 커서 끝내 쓰이기 어렵다고 말하지 마오　莫言材大終難用

일찍이 명당에 들어가 큰 기둥 되었다네　　　　　曾入明堂作棟樑

- 『태재집(泰齋集)』 권3

　홀로 빈 언덕에 속세와 떨어져 있는 늙은 잣나무를 유혹에 흔
들리지 않는 고고함과 절의를 가진 존재로 보았다. 눈서리와 같은
시련을 무시할 정도로 역경을 이겨내 늙은 나무도 동량지재로 훌
륭하게 쓰일 수 있다고 강조했다. '100세 시대, 나이는 숫자에 불
과하다'는 말은 하나의 수사(修辭)일 뿐이다. 나이 든 어른을 배제
하려는 세태를 우회적으로 비판하는 풍자가 오늘날 세대 갈등과
크게 다르지 않다는 생각이 문득 든다.

아파트 단지 가장자리에 많이 심는 북미 원산의 스트로브잣나무. 열매가 땅을 향해 매달린다.
대구 수성구청소년수련관(2021. 12.)

군위 남천고택의 쌍백당

　　최근 대구광역시로 행정구역이 편입된 군위군 부계면 대율리 남천고택(南川古宅)은 종래 경북 민속문화재였다. 담장 안쪽에는 수령 260년이 넘는 한 쌍의 잣나무가 우뚝 서서 고택을 지키고 있다. 높이는 10m 정도며 가슴높이 둘레는 2m를 넘는 큰 몸피다. 잣나무는 수명이 길지 않은 편이어서 나이 200년이 넘는 것은 보기 드물다. 그래서 수령이 200~300년 정도 되면 대개 보호수로 지정되는 실정이다.

　　군위 대율리 잣나무가 장수하고 있는 것은 부림 홍씨(缶林洪氏) 집성촌 집안 사람들의 극진한 보살핌 덕분이다. 260년 전에 남천고택을 지은 홍우태(洪寓泰)가 잣나무 두 그루를 손수 심었고 당호도 '잣나무 한 쌍'을 뜻하는 쌍백당(雙栢堂)으로 지은 까닭에 후손들이 대대로 소중히 여기고 보살펴왔다. 한밤마을로 널리 알려진 대율리의 전통가옥과 잣나무 한 쌍이 잘 어울려 마을의 품격을 더 높인다.

파계사 금당 앞에 전나무가 위풍당당하게 서있다.
대구 동구(2024. 9.)

전나무

큰 절 호위 무사

대구수목원 전나무 (2019. 9.)

#1. 서쪽 끝으로 석봉이 가파르게 솟아 있고 그 위에는 수십 명이 앉을 만했다. 소나무와 전나무, 철쭉이 우거져 뒤덮고 있어 유람객들의 발길이 닿지 않은 곳이었다.(稍西 有石峯峭傘 其上可坐數十人. 松杉躑躅 羅生掩翳 遊人未嘗至也.)

– 『퇴계선생문집』 권41

퇴계 이황 선생이 풍기군수로 부임한 이듬해에 소백산을 유람하고 적은 「유소백산록(遊小白山錄)」에 나오는 풍경이다. 환희봉을 오르고 옛 석성 터를 둘러보면서 주위의 경치와 나무를 묘사한 구절에 전나무[杉]가 소나무, 철쭉과 함께 나온다.

#2. 인원과 함께 용수사에 묵었다. 용수사는 고려 왕조의 큰 절로 전나무와 잣나무가 하늘을 찌를 듯했다.(與仁遠投宿龍壽寺. 寺乃 前朝巨刹 檜柏參天.)

– 『무릉잡고』 권70

조선 전기 우리나라 최초로 서원을 건립한 학자 주세붕이 지금의 봉화군에 있는 청량산을 구경하고 적은 「유청량산록」의 한 구절이다. 고려 때 지은 용주사 주위 풍광에도 울창한 전나무[檜]가 시선을 붙잡는다.

선현들의 유산록(遊山錄)에는 전나무를 나타내는 한자가 다르다. 한자로 삼(杉), 회(檜), 삼목(杉木), 송삼(松杉)으로 표현한다. 그런데 한자 삼(杉)은 일본이나 우리나라 제주도나 남부 해안 지역에 자라는 일본 원산의 삼나무도 같은 한자를 쓴다. 일본의 삼나무를 국내에 심은 시기는 구한말이나 일제강점기다. 그 이전의 우리 옛 문헌에 나오는 삼(杉)은 전나무나 잎갈나무를 가리키는 경우가 많으며, 『구급방언해』나 『물명고』, 『명물기략』에는 젓나무 혹은 전나무로 풀이돼 있다.

그래서일까. 전나무의 표준어도 두 가지다. 국립국어원 표준국어대사전에 전나무와 젓나무 모두 수록돼 있다. 그러나 국립수목원의 국가식물표준목록에는 전나무를 공식 명칭으로 쓴다.

어기영차 남쪽 대들보 올리세	兒郞偉抛樑南
가까이서 정자각 바라보니 소나무 전나무에 둘러싸였네	近瞻丁閣繞松杉
만년토록 상서로운 기운에 붉은 구름 일렁이고	萬年佳氣紅雲盪
줄지어 둘러싼 봉우리들 푸른 옥비녀를 닮았구나	列峀仍環碧玉簪

－『일성록』 정조 20년 병진 9월 10일

규장각 제학 심환지(沈煥之)가 지어 올린 수원 화성행궁 낙남헌(落南軒)의 대들보를 올리는 날 축복을 기원하는 상량문의 일부다. 시에 등장하는 정자각은 정조의 아버지 사도세자 능인 현륭원

에 제사를 지내기 위해 있는 건물이다. 하늘에서 본 지붕이 농기구 고무래처럼 생긴 정자각 주위에 소나무와 전나무가 호위하듯이 서있는 모습을 보고 왕실의 위엄을 찬사했다.

추위에 잘 견디는 상록침엽수

전나무는 추위에 강한 나무여서 높은 산에서 잘 자란다. 곧은 줄기가 하늘을 향해 치솟은 무리를 볼 때 위엄과 경건함을 느낀다. 겨울철 내리는 눈을 푹 뒤집어쓰고 가지가 축 처진 풍경은 장엄함 그 자체다.

전나무를 쉽게 만나려면 큰 절에 가면 된다. 대구 동구 파계사,

경북 예천군 명봉사, 청도군 운문사, 경남 합천군 해인사 주변엔 아름드리 전나무가 있다. 속세와 멀리 떨어져 곧게 자라는 품새가 아름다워 경외심을 들게 한다. 특히 강원도 오대산 전나무 숲과 전북 부안군 내소사 전나무 숲, 경기도 국립수목원 전나무 숲은 국내 3대 전나무 숲으로 손꼽히는 명소다.

전나무는 소나뭇과의 잎이 바늘같이 생긴 상록수로 곁가지가 굵지 않고 줄기가 매끈하고 곧다. 깊은 산에 자생하는 나무로 추위를 잘 견디는 반면 고온 건조한 지역에서는 잘 자라지 못한다. 다른 나무 그늘 아래서도 생육이 좋은 음수(陰樹)다. 싹트고 7~8년은 성장이 더디지만 이후엔 자람이 빨라져 키가 30m, 줄기 둘레가 장정의 두세 아름에 이를 정도로 우람하게 자란다.

전나무는 한 나무가 자리 잡으면 동료들이 잇따라 이웃에 들어서 군락을 이룬다. 전나무 아래엔 다른 식물들이 살기 어렵다. 키가 쑥쑥 자라 식물의 성장에 필요한 햇볕을 가려버리기 때문이다. 전나무끼리도 치열한 생존경쟁을 펼치다 보면 줄기가 굽거나 비뚜로 나갈 틈도 없다. 전나무는 하늘을 향해 자랄 수밖에 없는 운명을 타고난 모양새다.

전나무의 수명은 250~300년으로 추정되지만 국내에 500년 이상 된 노거수도 있다.

높은 산에 자리 잡은 보호수

경북 예천군 효자면 명봉리 명봉사(鳴鳳寺) 입구 주차장 맞은편에 키가 무려 33.5m, 가슴높이 둘레 4.3m에 이르는 전나무가 위풍당당하게 자리를 지킨다. 수령 약 300년의 노거수로 2003년 예천군 보호수로 지정됐다. 해발 500m에 위치한 절 주변 산에는 느티나무 같은 고목 사이로 푸른 전나무가 삐죽삐죽 솟아 있다. 명봉사 뒷산에는 조선시대 문종과 사도세자의 태실이 있다.

봉화군 각화사의 전나무도 봉화군의 보호수다. 높이 17m, 가슴높이직경 1.6m, 줄기 둘레 5m 이상인 거목이다. 절 부근 산비탈에 위치한 풍치목이다.

김천 수도산, 청도 운문사 계곡 부근에도 하늘을 향해 수직으로 뻗어간 몇 아름 되는 전나무가 도열하듯 서있다. 그 풍경을 보면 저절로 탄성이 나온다. 25~30m의 나무 아래 서면 사찰로 향하던 마음이 자신도 모르게 숙연해진다.

대구 동구 팔공산 파계사 진동루와 금당 앞이나 부인사 마당에서도 전나무를 볼 수 있다. 큰 절 근처에 전나무가 왜 많을까? 건축자재가 귀하던 옛날 길고 큰 목재로 사찰 대들보나 기둥을 보수할 때 쓰려고 많이 심고 가꾸었기 때문이다. 해인사 팔만대장경판 보관 건물인 수다라장, 양산 통도사, 강진 무위사 기둥의 일부가 전나무로 밝혀졌다. 전나무의 보시인 셈이다.

전북 진안군 운장산 기슭의 천황사에는 국내 한 그루뿐인 천연기념물 전나무가 있다. 천황사 남암(南庵) 비탈에서 홀로 400여 년을 수도승처럼 서있다. 높이 35m, 가슴높이 둘레 5.7m로 국내 전나무 중에서 덩치가 가장 큰 나무다.

하늘을 찌를 듯이 치솟은 전나무 두 그루 대구 동구 파계사 진동루 뜰(2024. 9.)

경주문화원 전나무

경주 구도심에 있는 경주문화원 향토사료관 앞마당의 전나무 두 그루는 수문장처럼 늠름하다. 한 세기 동안 자리를 꿋꿋이 지키고 있는 이 나무에 제국주의와 인도주의적 사연이 함께 간직돼 있다.

일제강점기인 1926년 10월 스웨덴의 왕세자 구스타프 6세 아돌프(현 칼 16세 구스타프 국왕의 할아버지)와 루이즈 태자비가 서봉총(瑞鳳塚, 노서동 129호분) 발굴에 참여한 뒤 당시 박물관에 기념으로 심은 나무다.

아돌프 공작은 고고학에 관심이 많았는데 일본을 방문했을 때 일제의 권유를 받고 경주 고분에서 출토된 금관을 손수 수습했다. 금관에는 세 마리의 봉황이 장식돼 있었다. 일제는 스웨덴을 뜻하는 한자 서전(瑞典)의 서(瑞) 자와 봉황의 봉(鳳) 자를 따와서 고분의 이름을 서봉총으로 붙였다.

제국주의시대 열강들은 외국의 유적이나 유물을 발굴, 수집하는 일에도 경쟁했다. 일제도 경주 고분의 학술 조사나 연구 목적보다는 전시나 수집에 더 열을 올렸다.

한편 구스타프 6세 스웨덴 국왕은 재임 때 한국에서 6.25 전쟁이 발발하자 경주를 방문했던 기억을 떠올리며 야전병원을 파견했다.

크리스마스트리로 쓰이는 까닭

안데르센 동화에 나오듯이 서양에서 전나무를 성탄절의 장식물인 크리스마스트리로 쓴다. 크리스마스트리의 신화적 뿌리가 우주나무인지 기독교 문화의 생명나무인지 밝혀진 바는 없지만 유독 전나무를 사용한 까닭은 뭘까? 켈트족이 상록수를 신성하게 여기는 풍습에서 비롯된 것으로 추측되지만 동화 같은 전설도 있다.

옛날 북유럽의 어느 숲속에 사는 나무꾼에게 딸이 한 명 있었다. 딸은 숲의 나무를 사랑했고 숲의 요정과 잘 어울렸다. 추운 겨울 밖에 나갈 수 없는 소녀는 문 앞에 있는 전나무에 작은 촛불을 걸어두어 요정을 위로했다. 어느 해 크리스마스 전날 밤 나무꾼인 아버지는 산속에서 길을 잃고 헤매게 되었는데 마침 멀리 전나무에 빨간 불이 켜있어 가보니 그냥 나무였다. 다시 사방을 살펴보니 불이 켜진 나무가 멀리 있어 찾아갔다. 몇 차례 반복하다 보니 어느덧 딸의 촛불이 켜진 전나무가 있는 집 앞에 이르렀다. 나무꾼이 무사히 귀가하도록 요정들이 인도한 것이다.

또 다른 전나무 트리 기원으로는 독일의 종교 개혁가인 마틴 루터가 크리스마스 전날 밤에 숲을 산책하다가 눈이 소복이 쌓인 전나무 위로 반짝이는 별을 보고 깊은 감명을 받고 집에 돌아와 트리를 만들었다는 설(說)이다.

이 밖에도 크리스마스트리의 유래와 관련 여러 가지 설이 있지만 전나무는 성탄절 전날 밤을 장식하는 전통적 트리로 쓰여 꿈과 희망을 주는 데 큰 역할을 해왔다.

전나무는 대구시의 시목(市木)이다. '대구 시민의 강직성과 영원성, 그리고 곧게 뻗어가는 기상을 대표하는 나무'라는 취지로 1972년에 지정됐다. 전나무는 대구와 연관성이 많지 않기 때문에 지정된 지 50년이 넘었지만 대다수 시민들이 잘 알지 못한다.

설령 시목을 알고 있는 시민들도 왜 전나무를 시목으로 지정했느냐고 궁금해한다. 그 이유는 무엇보다 대구에서는 전나무를 쉽게 볼 수 없기 때문이다. 마음먹고 국채보상운동 기념도서관 주변이나 대구어린이세상의 뜰과 대구수목원에 가야 제대로 볼 수 있다. 간혹 시내 아파트단지나 공원에 구상나무, 주목과와 함께 조경수로 심어진 어린 전나무가 보이나 시민들이 자주 찾는 큰 공원에서는 눈에 잘 띄지 않는다.

또 다른 문제는 기온이 30도 이상 올라가는 날이 많은 대프리카(대구+아프리카)의 기후에 한대수종인 전나무의 생육환경이 녹록지 않은데 온난화가 진행되면 더 나빠질 것이다.

대구시목을 다른 나무로 바꾸는 건 어떨까? 천연기념물인 동구 도동 측백수림을 비롯해 동구 내곡동의 모감주나무, 달성군 옥포읍에 군락이 형성된 이팝나무 등 깃대종이나 시민들이 공감할 만한 나무로 시목을 다시 지정하면 대구 이미지 홍보에도 더 도움이 될 것이다.

1962년 천연기념물 제1호로 지정된 도동 측백나무 숲. 마을의 동쪽 구릉지에 군락을 이루고 있으며 급경사면 아래에는 개울이 흐른다.
대구 동구(2019. 9.)

측백나무

수천만 년 전 터줏대감

측백나무 열매
대구 달서구 두류공원(2019. 10.)

대구 도심에서 가까운 대구동산병원의 주차장 가장자리와 신명고등학교 담장, 성모당, 두류공원 주변에는 커다란 측백나무가 매끈한 몸매로 하늘을 떠받치듯이 사시사철 제자리를 푸르게 지킨다. 시멘트 블록 담장을 쌓기 전에 울타리로 심어졌던 나무라서 그런지 하나같이 이웃한 땅과 경계 지점이거나 예전에 경계였던 자리에 서있다. 그런 곳은 사람들의 왕래가 그리 많지 않은 뒤안길이어서 줄지어 서있는 측백나무 주변은 고은의 시 「측백나무 울타리」처럼 여전히 호젓하다.

천 년 이상 장수하는 나무

　측백나무는 측백나뭇과에 속하는 상록침엽수로 우리나라와 중국이 원산지다. 키가 25m까지 자라는 교목이지만 정원이나 묘지 앞에는 관목과 같은 나지막한 어린나무가 많다. 적갈색 가지는 큰 줄기에서 제멋대로 나와 하늘을 향해 뻗었고, 회갈색의 나무껍질은 세로로 길게 갈라진다. 꽃은 암수한그루로 4월에 가지 끝에 조롱조롱 달린다. 열매는 도깨비 뿔처럼 울퉁불퉁하다. 가을에 6~8개 열매조각이 벌어지면 하나의 조각에 씨앗이 2, 3개씩 들어 있다. 작고 납작한 송사리 비늘같이 생긴 푸른 조각이 포개진 잎이 모여서 여러 갈래의 작은 가지처럼 달린다.

조경수로 심어진 정원의 측백나무는 사철 변치 않는 푸른 잎이나 둥그스름하게 다듬어진 모습 말고는 눈에 띄는 특별한 매력이 없다. 화려한 도시나 한적한 농촌에서도 사람들의 관심을 끌기엔 한참 부족하다. 하지만 역사와 전설을 알고 나면 무심코 보지 못한다. 국내에서 가장 오래된 측백나무는 300살 정도로 알려져 있지만, 사실은 천 년 이상을 사는 장수나무다.

측백나뭇과 식물이 한반도에 함께한 시점은 우리의 상상을 뛰어넘는다. 2009년 경북 포항시 동해면 금광리의 한 도로 공사 현장에서 무려 2천만 년 전 측백나뭇과 나무 화석이 발견됐기 때문이다. 측백나뭇과에는 측백나무, 편백, 삼나무, 향나무 등이 포함된다. 보존 상태가 좋고 학술적 가치가 뛰어나 국가유산청이 천연기념물 '포항 금광리 신생대 나무화석'으로 등록했다. 수천만 년 전에 한반도에 살던 나무 화석으로 높이 10.2m, 폭 0.9~1.3m 크기다.

천주교대구대교구청에 있는
성직자 묘지의 측백나무
대구 중구(2023. 3.)

경북 사대부가 정원의 측백나무

경북에는 천연기념물로 지정된 측백나무 군락이 2곳 있다. 안동시 남후면 광음리의 구리 측백나무 자생지와 영양군 영양읍 감천리의 측백수림으로 모두 절벽에 위치하고 있다.

안동 구리의 측백나무 자생지는 대구와 안동을 잇는 옛 국도 옆 낙동강과 맞닿은 산기슭에 자리 잡고 있다. 수령은 대략 100~200년으로 추정되며 약 300여 그루가 산다. 절벽에 뿌리 내린 탓에 생육 상태가 그리 좋지 않고 주변에는 소나무·굴참나무·조팝나무 등 다른 수종과 치열한 생육경쟁을 하는 처지다.

영양의 천연기념물 측백나무 자생지는 영양읍내에서 가까운 반변천(半邊川)을 낀 절벽에 위치하고 있으며, 측백나무 높이는 3~5m다. 주변에는 희귀종인 모감주나무와 털댕강나무가 같이 자라고 있다.

경북 의성지역의 대표적인 사대부 가옥인 소우당 본채 서쪽에는 별도의 토담을 두른 넓은 공간에 별서 정원이 있다. 정원의 가운데에 사랑채 혹은 별당으로 부르는 건물을 향해 놓인 디딤돌을 따라가다 보면 연못과 소나무, 배롱나무, 대나무, 모과나무 등의 다양한 나무로 꾸며진 숲이 펼쳐진다. 그중에 압권은 아름드리 측백나무 두 그루다. 어른 팔로 감싸 안아도 두 손이 닿지 않을 정도니 나무 둘레가 2m는 족히 될 듯하다.

경북 경주시 손곡동 종오정 연당 북쪽에 있는 측백나무 한 그루도 굵기가 아름드리다. 종오정은 조선 영조 때 학자 최치덕의 유적지다. 그의 신도비(神道碑) 병서(並書)에는 그를 '하분의 교(敎)와 왕부의 효(孝)를 겸한 고사(高士)'로 칭송한 글귀가 보인다.

중국 진(晉)나라 사람 왕부(王裒)의 효성과 관련된 나무가 측백나무다. 그의 아버지 왕의(王儀)가 사마소(司馬昭)에게 바른 말을 하다가 억울한 죽음을 당했다. 그는 비명에 가신 아버지를 추모하며 숨어서 제자들을 키웠다. 나라에서 그를 벼슬자리에 여러 차례 불렀으나 죽을 때까지 나가지 않고 아버지 무덤을 지키며 얼마나 많은 눈물을 흘렸던지 측백나무가 찌들어 죽었다고 한다.

종오정의 측백나무도 효심을 아는지 키가 크지 않고 우듬지 쪽이 뭉툭하다.

묘지 주변에 많이 심은 나무

측백나무의 겉과 속이 늘 푸른 잎은 군자(君子)의 성품으로 여겼다. 표리부동(表裏不同)한 세태와 비교돼 한결같은 마음과 자세가 선비들의 본보기가 되었다. 바람이 불어도 잎과 잔다란 가지의 능청능청한 부드러움과 특유의 향 때문에 상서로운 나무로 취급한다.

중국에서는 홀로 우뚝 서서 자라는 소나무와 측백나무를 정정당당한 사람인 정인(正人)에 비유해 기개를 강조한다. 반면 등라(藤蘿), 즉 등나무와 담쟁이는 반드시 다른 데 의지하며 자라므로 간사한 사람으로 빗댄다. 그래서일까, 자금성(紫禁城), 북해(北海), 천단(天壇)을 비롯한 유적지에는 수백 년 연륜을 간직한 측백나무들을 볼 수 있다.

『조선왕조실록』에 나오는 영조 대왕의 묘지문(墓誌文)에는 "장릉(長陵)을 옮겨 모신 뒤에 효종(孝宗)께서 손수 심으신 측백나무의 씨를 옛 능에서 가져다 뿌려 심고 '대개 영릉(寧陵)의 효성을 나타내려는 것이다' 하셨으니, 또한 성효(聖孝)가 끝이 없음을 알 수 있다."라고 하여 묘지 둘레에 측백나무를 심었음을 알 수 있다.

측백나무에는 무덤 속의 시신을 갉아먹는 벌레인 염라충을 죽이는 힘이 있다는 믿음도 묘지 주변에 측백나무를 많이 심게 하는 동기였다.

우리 주변에서는 몇 가지 다른 종의 측백나무를 볼 수 있다. 설악산과 오대산 등 높은 산에서 가지가 수평으로 퍼지며 누운 듯이 자리는 눈측백나무가 있다. 또 가지가 많이 갈라지는 천지백과 잎이 노란색을 띠는 황금측백나무 역시 관상용으로 인기가 있다.

미국에서 들여온 서양측백나무는 가지가 사방으로 퍼지고 잎이 넓기 때문에 생울타리로 많이 활용된다.

측백나무와 비슷한 무리에는 일본에서 들여온 편백과 화백이 있다. 두 나무의 구별하는 방법은 잎 뒷면의 하얗게 보이는 숨구멍을 보면 되는데 Y 자 모양이면 편백이고 W 자 혹은 흰 점처럼 생겼으면 화백이다.

柏(백), 잣나무 혹은 측백나무

한자 柏(백)의 뜻은 측백나무일까? 잣나무일까? 측백(側柏)이란 이름은 잎이 납작하고 옆으로 자라기 때문에 붙여졌다고 『본초강목』에 밝히고 있다. 그런데 한자 柏(백)은 우리나라에 건너와 측백나무와 잣나무를 나타내는 글자로 쓰이면서 헷갈리게 됐다. 대체로 고려 이전의 문헌에는 잣나무를 뜻하는 경우가 많고, 조선시대의 문헌에서는 측백나무를 뜻하는 경우가 더 많다는 게 학자의 견해다. 『훈몽자회』, 『동의보감』 등에는 측백나무, 조선 숙종 때 홍순명이 펴낸 일본어 학습서인 『왜어유해(倭語解)』에는 잣나무라고 했다.

가령 중국 불교에서 선종(禪宗)을 창시한 달마(達磨) 대사 후계자인 조주(趙州) 대사는 한 제자가 "如何是祖師西來意?(여하시조사서래의)"라고 말을 건내자 "庭前柏樹子.(정전백수자)" 하고 대답했다. 흔히 해석하기를 "조사(달마)가 서쪽에서 온 이유가 무엇이냐?"고 묻자 "뜰 앞의 잣나무"라고 풀이했다. '씨가 뜰에 떨어져 잣나무로 자라는 것과 마찬가지'라는 뜻이다. 하지만 중국 허베이성 자오현에 위치한 백림선사(柏林禪寺) 뜰 앞에는 잣나무가 아니라 측백나무가 자란다. 한자 柏(백)을 우리나라에서 잣나무로 오해했기 때문이다.

『논어』의 「자한(子罕)」 편에 나오는 "추운 겨울(歲寒)이 되어야 송백(松柏)의 굳은 절개를 알 수 있다.(歲寒然後知松柏後凋也)"라는 구절의 송백도 소나무와 측백나무를 말한다. 공자의 활동 무대인 쓰촨성과 황허나 양쯔강 유역 등 중원에서는 잣나무가 자라지 않기 때문에 공자는 평생 잣나무를 못 봤을지도 모른다.

柏(백)을 잣나무가 아닌 측백으로 풀이한 내용은 실학자 정약용의 『아언각비(雅言覺非)』에도 나온다. "백(柏)이란 측백(側柏)나무라고 말하기도 하고, 즙백(汁柏)나무라고도 한다."고 정의하고 "지금 세상에서는 소홀히 잣나무, 곧 과송(果松)을 백(柏)이라 하여… 이 어찌 잘못된 것이 아니겠는가?"라고 개탄했다.

소식의 필화 사건, 오대시안의 증언

중국 한나라 관리들의 비리와 문제점을 감찰하던, 우리나라 감사원과 같은 기관이 어사대(御史臺)다. 이곳에는 측백나무가 있었기 때문에 백대(柏臺)라고도 했다. 조선시대 사헌부를 백부(柏府)라 부른 것도 이런 영향이다. 백대의 측백나무에 까마귀가 많이 모여 사는 까닭에 오대(烏臺)라는 별칭도 얻었다.

대구동산병원 주차장 가장자리에 서있는 측백나무
대구 중구(2019. 3.)

중국 북송의 문장가 소식(蘇軾)의 필화(筆禍) 사건이 오대시안(烏臺詩案)이다. 부국강병의 개혁을 추구하던 신법(新法)을 풍자하고 비판하는 시를 지었다는 빌미로 신당으로부터 탄핵당한 소식이 조정을 비판한 죄로 붙잡혀 감금당한 곳이 바로 어사대다. 오대의 측백나무는 고초를 당하던 소식의 모습을 지켜봤을 것이다. 오대시안은 어사대와 그 안의 측백나무 그리고 당시 정치적 연관성을 한마디로 나타내는 말이다.

한편 북송의 개혁에 맞서다 적폐로 몰려 죽음 직전까지 갔던 소식은 130일 투옥된 후에 석방돼 황주단련부사(黃州團練副使)로 쫓겨났다. 유배지에서 그는 불후의 명작 「적벽부(赤壁賦)」를 비롯해 뛰어난 시문을 남겼고 자신의 호를 동파(東坡)거사라고 지었다.

소식이 오대에서 고문에 시달리고 있을 때 구명운동을 벌인 사람 중에는 정치적 라이벌이자 한때 개혁을 주도한 왕안석도 들어 있다. 황제에게 버림받아 집과 가족을 잃고 고향에서 혼자 울분을 삼키고 있던 그는 제 코가 석 자인 처지임에도 소동파를 두둔하고 나섰다.

소동파도 훗날 철종을 대신해 지은 칙서에서 "왕안석은 하늘의 뜻을 받아 대업을 추진한 귀재"라고 치켜세우며 "글솜씨는 만물에 생동감을 불어넣는 듯 했으며, 용맹스러움이 천지를 뒤흔들었다."고 극찬했다.

소동파와 정치적 앙숙이었던 왕안석은 비록 정적이지만 서로 사지로 몰아넣지는 않았다. 이들이 후반에 이토록 가까워질 수 있었던 것은 그들만의 고상하고 깨어있는 도덕적 성품과 정치철학

덕분이었다.

왕안석은 중국 역사상 유일하게 수레를 이용하지 않았고, 첩을 들이지 않았고 유산을 남기지 않은 재상이었다. 개혁을 추진하는 과정에서 불가피하게 반대파를 숙청하긴 했지만, 벼슬을 깎거나 지방으로 좌천시키는 정도였지 죄명을 날조하거나 함정에 빠뜨리거나 사지로 몰아넣지는 않았다. 중국 인문학자 이중텐(易中天)의 『제국의 슬픔』에 나오는 '부패를 도운 변법의 아이러니'라는 내용이다.

내로남불 정책과 표리부동한 정치인들이 벌이는 사생결단식의 소모적 정쟁이 판치는 정치와는 사뭇 달랐다.

천주교대구대교구 성모당의 14처 기도길 옆 측백나무
대구 중구 남산동(2023. 10.)

국내 첫 천연기념물 도동 측백나무 숲

    대구 동구 도동 측백나무 숲은 1962년 12월 3일 천연기념물 제1호로 지정돼 상징성을 더했다. 불로천 옆의 가파른 바위산에 높이 5~7m의 측백나무 수백 그루가 자라고 있는데, 우리나라에서 가장 남쪽에 위치한 측백나무 자생지다. 언제부터 형성됐는지 분명하지 않지만 측백나무가 중국 원산으로 알려진 시절에 도동 측백나무 숲은 국내 자생수종임을 증빙하는 가치를 지녔다.

    일찍이 조선시대 문신 사가(四佳) 서거정(徐居正)이 대구의 빼어난 경치 10곳을 「대구 십영(大丘十詠)」으로 읊었다. 그중에서 제6영 「북벽향림(北壁香林)」은 도동 측백수림을 노래한 칠언율시다.

오래된 절벽의 푸른 측백 옥창처럼 길구나	古壁蒼杉玉槊長
거센 바람 끊임없어 사계절 향기 보내니	長風不斷四時香
은근히 다시 더욱 힘들여 가꿔 놓으면	慇懃更着栽培力
맑은 향기 온 고장에 함께하겠네	留得淸芬共一鄕

－「사가시집」 제3권

    도동 측백나무 수풀의 기백과 맑은 향기를 예찬했다. 향산 벼랑에 군락을 이루고 있는 측백나무가 옥삭 같다는 말은 벽옥(碧玉)으로 만든 창대 같다는 뜻으로 대나무에 비유한 말이다. 끊임없이 불

어오는 거센 바람으로 사계절 내내 맑은 향을 날려 보내는 것을 감탄하였고 수풀을 잘 가꿔서 맑은 향기가 마을에 그윽하기를 바라는 마음을 담았다.

크리스마스 무렵에는 호랑가시나무의 빨간 열매가 푸른 잎과 대비된다.
대구 수성구 두산동(2021. 12.)

호랑가시나무

빨간 열매의 강한 존재감

눈 덮인 호랑가시나무
대구 수성구 황금동(2021. 12.)

대구동산병원 옆 청라언덕에 있는 선교사 블레어 주택 옆에는 두툼하고 빳빳하며 길쭉한 오각형 혹은 육각형 모양의 잎 가장자리에 날카로운 가시가 돋아 있는 호랑가시나무 한 그루가 있다. 대구경북에서 자생하는 나무는 아니고 보통 가정집에서 볼 수 있는 정원수도 아니라서 '니가 왜 거기서 나와?' 하는 의문이 생길 것이다. 선교사들의 주택과 호랑가시나무에는 무슨 사연이 있는가.

　호랑가시나무가 정서적 생활에 큰 영향을 미친 이유는 유럽에서 전승되는 많은 이야기를 들으면 이해가 된다.

크리스마스트리, 리스로 쓰이는 나무

예수가 십자가를 메고 골고다 언덕을 올라갈 때 작은 새 한 마리가 예수의 고통을 덜어주기 위해 부리로 이마에 박힌 가시를 빼려고 힘을 다 쏟았으나 끝내 가시에 찔려 피를 흘리며 죽었다고 한다. 예수를 위해 자신의 몸을 던진 이 새는 티티새(지빠귀과)인 로빈으로 호랑가시나무 빨간 열매를 즐겨 먹는다.

프랑스에서는 로빈이 먹는 호랑가시나무의 열매를 신성하게 여겨 밟으면 불행해진다고 믿었고, 독일에서는 예수의 왕관을 짜는 데 이 나무를 쓴다는 말이 있다. 호랑가시나무로 지팡이를 만들면 마귀를 쫓을 수 있다고 여기는 영국에서는 1851년 런던 시내 크리스마스 장식에 이 나뭇가지 25만 다발을 사용했다는 기록도 있다고 한다.

성당이나 교회에서도 성탄절 장식에 호랑가시나무 가지나 열매를 사용하고 있고 종이로 만든 크리스마스카드에도 호랑가시나무의 빨간 열매나 육각형의 녹색 잎이 그려져 있다. 서양에서 크리스마스나무라고 부르는 이 나무가 기독교인들의 주목을 받고, 대구 개신교 선교사 주택에 심어진 연유가 아닐까 짐작된다.

호랑가시나무는 추운 겨울에도 초록빛을 잃지 않고 반질반질하며 두꺼운 잎을 가지고 있고 잎겨드랑이에 달린 열매가 빨갛게 익어 그 자태가 아름답기 때문에 기독교인이 아닌 사람들의 관심도 많이 받는다. 나무를 꺾어 오래 두어도 잘 시들지 않으므로 크리스마스트리나 리스(화환)를 만들기에 아주 좋은 재료다. 이런 이유로 연말연시 꽃꽂이나 장식에 많이 이용된다.

은행나무처럼 암나무와 수나무로 나뉘어 있어 열매를 볼 요량으로 조경수로 심으려면 암나무를 선택해야 한다.

호랑가시나무의 다른 이름 묘아자, 구골목

호랑가시나무는 우리나라 제주도와 전라남도에 주로 자생한다. 우리 이름 호랑가시는 호랑이 발톱 같은 가시를 가진 잎 때문에 붙여진 이름이다. 산림청에서 운영하는 국가생물종지식정보시스템에 "육각형의 잎 끝이 날카롭고 단단한 가시가 있어 마치 호랑이 발톱과 같은 모양이기 때문에 호랑가시라고 이름 지었으며, 나무가 자라면서 차츰 퇴화되어 하나의 가시만 남게 된다."고 나온다. 중국에서도 호랑가시나무를 새끼 고양이의 발톱을 닮았다 해서 묘아자(猫兒刺)라고도 하고, 나무줄기가 개 뼈를 닮았다고 해서 구골자(狗骨刺)와 구골목(枸骨木)으로도 불린다.

호랑가시나무의 중국 이름 枸骨(구골), 狗骨刺(구골자) 두 가지로 해석하는 데는 사연이 있다. 중국 정명 구골(枸骨)은 개를 뜻하는 개 狗(구) 자가 아니고 구기자를 뜻하는 구기자 枸(구) 자를 쓴다. 물론 중국 장쑤지방에서 개를 뜻하는 狗(구) 자를 써서 구골자(狗骨刺)라고 부르기도 하지만 어디까지나 중국 정명은 구골이다. 원래 이 나무의 이름은 목질이 개뼈다귀와 같이 흰색이기 때문에 처음에는 구골(狗骨)로 불리었으나 나중에 구골(枸骨)로 변하였다고 한다. 구골(枸骨)은 한의학에서 지칭하는 생약명으로 우리나라서도 널리 통용된다.

구골나무와 헷갈리는 잎

감탕나뭇과에 속하는 호랑가시나무는 물푸레나뭇과의 목서 종류(은목서나 구골나무)와 잎이 비슷해 헷갈리기 쉽다. 이파리 가장자리에 침이 삐죽삐죽 나와 있지만 가지에 잎자루가 서로 어긋나게 달리면 호랑가시나무, 잎자루가 마주나면 은목서나 구골나무다. 또 10월 말에서 12월 초쯤에 향기가 진한 하얀 꽃이 피면 은목서나 구골나무이고 이 시기에 빨간 열매가 달려 있으면 호랑가시나무다.

목서속의 구골나무는 우리나라에는 자생하지 않고 중국 대만과 일본에서 자생한다. 우리나라에서는 정원수로 많이 심는다. 중국 이름은 종수(柊樹)이며 일본이름도 종(柊) 또는 종목(柊木)으로 적고 히이라기(ひいらぎ)로 읽는다. 그런데 우리나라에 들어 올 때 이 나무의 대만 이름 구골을 따라서 구골나무로 명명했다. 호랑가시나무의 중국 정명도 구골이고 우리나라 정원수 목서속의 구골나무도 있으니 많은 사람들이 혼동한다.

호랑가시나무의 영어 이름은 홀리(holly)로 '성스러운' 나무라는 뜻이다. 미국 로스앤젤레스 할리우드도 이 나무 숲 때문에 생긴 지명이다.

호랑가시나무가 잘 자라서 키가 크고 잎이 오래되면 가시는 퇴화된다. 사실 나무의 열매가 빨간 것은 새들 눈에 잘 띄어 번식하기 위함이요, 잎에 가시가 있는 것 또한 잎을 먹기 위해 노리는 초식동물로부터 자신을 보호하기 위한 생존 무기인 셈이다.

액운 쫓아내는 호랑가시나무

전라북도 부안군 도청리의 호랑가시나무 군락지가 천연기념물로 지정돼 있다. 도청리 남쪽의 해안 모항마을 북쪽 산기슭에 위치하며 50여 그루가 군락을 이루고 있다. 호랑가시나무가 남해안이나 제주도에 자라는데 변산반도는 호랑가시나무가 자연 상태로 자랄 수 있는 우리나라 북방한계선이다.

우리나라 일부 지역에는 호랑가시나무로 액운을 쫓는 풍습이 전승된다. 음력 2월 초하룻날인 영등날이나 유행병이 심하게 돌 때 호랑가시나무 가지로 정어리 머리를 꿰어 처마 끝에 걸어 놓고 귀신을 내쫓는 풍습이 있다. 정어리 눈알로 귀신을 노려보다가 호랑가시나무의 가지로 눈을 찔러 다시 오지 못하게 한다는 의미라고 한다.

일본에도 입춘 전날인 절분(節分)에 호랑가시나무 가지로 정어리(이와시, いわし) 머리를 꿴 히이라기이와시(柊鰯)로 문을 장식하는 풍습이 있다. 이는 집 주위에 호랑가시나무의 가시와 정어리 굽는 냄새로 악귀가 붙지 않도록 한다는 주술적 의미가 담겨 있다.

호랑가시나무를 벽사(辟邪)에 이용하는 풍습은 한국이나 일본이나 비슷하다. 우리나라에는 험상궂게 생긴 가시가 많은 엄나무 등의 가지를 문설주에 올려놓는 풍습도 있다.

수형이 잘 잡힌 호랑가시나무에 꽃이 피어 있다.
대구 달성군 본리 인흥마을 정원(2022. 4.)

고유 수종 완도호랑가시

우리나라 자생종으로 호랑가시나무 외에 완도호랑가시라는 고유 수종이 있다. 이름에서 알 수 있듯이 완도에서 자생하는 종이다. 천리포수목원을 설립한 미국 출신의 원장 민병갈 박사가 1978년 완도에서 발견했다. 호랑가시나무와 감탕나무의 자연 교잡종이라는 사실이 밝혀졌다.

학명은 *Ilex wandoensis* C. F. Mill. & M. Kim으로 자생지 완도를 넣어서 명명했다. 민병갈은 주한미군과 한국은행 등 금융기관에 일하면서 수목에 관심이 많아 우리나라 최초로 사립수목원을 설립하여 세계적인 수목원으로 발전시킨 인물이다.

어머니가 목련을 좋아했던 것을 추억하려고 그는 세계 곳곳의 목련을 400여 종을 모아 세계서 가장 큰 규모의 목련 컬렉션을 조성했다. 호랑가시나무 또한 목련 못지않은 컬렉션을 보유하고 있어 미국 호랑가시학회로부터 공인 호랑가시수목원(Official Holly Arboritum)으로 선정됐다. 우리나라에 등록된 호랑가시나무 176종은 천리포수목원에 가면 거의 다 볼 수 있다고 보면 된다. 천리포수목원은 민 박사가 별세하기 직전인 2000년 아시아 최초로 국제수목학계가 선정하는 '세계의 아름다운 수목원(Arboritum Distinguished for Merit)'으로도 선정돼 세계적인 수목원으로 명성을 높였다.

천리포수목원에는 다양하고도 희귀한 호랑가시나무들이 워낙 많아 보통 사람들의 눈에는 그게 그것 같다. 차이점을 쉽게 찾을 수 없다. 민 박사의 동상 옆에 완도호랑가시가 심어져 있지만 다른 호랑가시나무와의 다른 점이 한눈에 와닿지는 않는다.

스크루지가 만난 유령의 화관

서양에서는 크리스마스와 관련된 문학작품에 등장한다. 영국의 작가 찰스 디킨스의 소설 『크리스마스 캐럴』에 나오는 주인공 구두쇠 영감 스크루지가 개과천선하는 과정에 여러 유령을 만난다. 이 유령들이 손에 들고 있거나 머리에 쓴 화관이 바로 호랑가시나무다. 열매의 붉은색이 상징하는 희생과 대속(代贖)의 큰 사랑의 뜻을 깨닫게 하는 나무다.

호랑가시나무는 자신을 해코지하는 동물에게 상처를 내지만 가시 돋친 말로 마음의 상처를 내는 사람도 있다. 독설은 상대의 가슴을 찔러서 고통을 줄 수 있다. 분별력이 있고 억제할 줄 아는 사람은 다른 사람의 마음을 상하게 하는 말을 입에 담지 않는다. '현인의 입은 마음속에 있고, 어리석은 사람의 마음은 입에 있다'는 솔로몬의 말을 새길 필요가 있다.

대구 앞산에도 호랑가시나무가 산다

대구경북에서는 자생하는 호랑가시나무를 만나기 어렵다. 다만 조경으로 심은 나무를 대학이나 식물원, 옛 집터에서 볼 수 있다. 그래서 지역 주민들과 그리 친숙한 나무는 아니다.

대구수목원이 생기기 전에는 대구에서 호랑가시나무를 보기 어려웠다. 그러나 수목원 덕분에 호랑가시나무를 가까이서 완상할 수 있다. 2020년 대구수목원에서 발간한 『앞산의 나무도감』에 용두골에서 호랑가시나무가 자란다는 내용이 있다. 마음속으로 호랑가시나무가 자생한다면 얼마나 좋을까 기대에 부풀어 현장에 가보니 민가가 있는 지역에 정원수로 심어진 것이 제대로 관리가 안 돼서 부쩍 크게 자라있었다. 기후 온난화로 대구와 같은 분지의 산골짜기에 난대 수종이 자라는 게 이젠 큰 이야깃거리도 안 되는 세상이다.

『양화소록(養花小錄)』의 「화목구품(花木九品)」

강희안(姜希顔, 1417~1464)

1품	송(松, 소나무) 죽(竹, 대나무) 연(蓮, 연꽃) 국(菊, 국화)
2품	모란(牡丹)
3품	사계(四季, 장미 종류) 월계(月季) 왜철쭉(倭躑躅) 영산홍(映山紅) 진송(眞松) 석류(石榴) 벽오(碧梧)
4품	작약(芍藥) 서향화(瑞香花: 천리향) 노송(老松: 향나무) 단풍(丹楓) 수양(垂楊) 동백(冬栢)
5품	치자(梔子) 해당(海棠, 중국 꽃사과) 장미(薔薇) 홍도(紅桃) 벽도(碧桃) 삼색도(三色桃) 백두견(白杜鵑, 흰진달래) 파초(芭蕉) 전춘라(剪春羅, 동자꽃) 금전화(金錢花)
6품	백일홍(百日紅, 배롱나무) 홍철쭉(紅躑躅) 홍두견(紅杜鵑, 진달래) 두충(杜沖)
7품	이화(梨花, 배꽃) 행화(杏花, 살구꽃) 보장화(寶薔花, 장미 종류) 정향(丁香, 수수꽃다리 라일락) 목련(木蓮)
8품	촉규화(蜀葵花, 접시꽃) 산단화(山丹花) 옥매(玉梅) 출장화(出墻花, 황매화) 백유화(白萸花)
9품	옥잠화(玉簪花) 불등화(佛燈花) 연교화(連翹花, 개나리) 초국화(草菊花) 석죽화(石竹花, 패랭이꽃) 앵속각(罌粟殻, 양귀비) 봉선화(鳳仙花) 계관화(鷄冠花, 맨드라미) 무궁화(無窮花)

『화암수록(花菴隨錄)』의 「화개월령(花開月令)」

유박(柳璞, 1730~1787)

정월	매화 동백 두견
2월	매화 홍벽도 춘백 산수유
3월	두견 앵두나무 살구꽃 복숭아 배나무 사계 해당 정향 능금
4월	월계(月季) 산단(山丹) 왜홍 모란 장미 작약 치자 철쭉 상해당(常海棠)
5월	월계 석류 서양화 해류(海榴) 위성류(渭城柳)
6월	석죽 규화 사계 목련 연꽃 무궁화 석류
7월	무궁화 백일홍 옥잠화 전추사 금전화 석죽
8월	월계 백일홍 전추사 금전화 죽
9월	전추사 석죽 사계 조개 승금황 통주홍황 금사오홍
10월	전추사 금원황 취양비 삼색학령(三色鶴翎)
11월	학령 소설백 매화
12월	매화 동백

『화암수록(花菴隨錄)』의 「화암구등(花菴九等)」

유박(柳璞, 1730~1787)

1등	매(梅, 매화) 국(菊) 연(蓮) 죽(竹) 송(松) **"고상한 품격과 빼어난 운치"**
2등	모란(牡丹) 작약(芍藥) 왜홍(倭紅) 해류(海榴) 파초(芭蕉) **"부귀를 취하다"**
3등	치자(梔子) 동백(冬栢) 사계(四季) 종려(種蠡) 만년송(萬年松, 향나무) **"고상하고 우아한 멋을 취하다"**
4등	화리(華梨) 소철(蘇鐵) 서향화(瑞香花, 천리향) 포도(葡萄) **"고상하고 우아한 멋을 취하다"**
5등	석류(石榴) 도화(桃花, 복숭아꽃) 해당(海) 장미(薔薇) 수양(垂楊) **"번성하고 화려함을 취하다"**
6등	두견(杜鵑, 진달래) 행화(杏花) 백일홍(百日紅) 시(柿, 감나무) 오동(梧桐) **"같이 번성하고 화려함을 취하다"**
7등	이(梨, 배나무) 정향(丁香) 목련(木蓮) 앵도(櫻桃) 단풍 **"각자 장점이 있다"**
8등	목근(木槿, 무궁화) 석죽(패랭이) 옥잠화(玉簪花) 봉선화(鳳仙花) 두충
9등	규화(葵花, 접시꽃) 전추사(剪秋紗) 금전화(金錢花) 창촉(昌歜, 석창포), 화양목(華楊木)

화신풍(花信風)

　화신풍은 꽃이 피는 것을 알리는 바람이라는 뜻이다. 양력 1월 6~7일쯤의 소한(小寒)부터 여름이 오기 전의 4월 20일쯤 곡우(穀雨)까지 8절기 120일 동안, 5일마다 하나의 철로 묶어 모두 24철의 꽃 피는 소식이 화신인데 꽃잎에 스치는 바람이 모두 다르다고 한다. 24번의 꽃바람은 다른 말로 이십사번화신풍(二十四番花信風)인데 중국의 풍속지 『세시잡기』에서 유래된 말이다. 시기에 맞춰 차례로 피어나는 봄철의 꽃을 보며 세월의 흐름을 감지할 수 있다. 소한에 처음 부는 바람이 매화풍이고 곡우에 마지막 바람인 연화풍이 불면 입하(立夏)에 접어들고 계절은 초여름이다.

소한(小寒) 1월 6~7일	매화(梅花) 산다(山茶) 수선(水仙)
대한(大寒) 1월 20~21일	서향(瑞香) 난화(蘭花) 산반(山礬, 노린재나무)
입춘(立春) 2월 3~5일	영춘(迎春) 앵도(櫻桃) 망춘(望春, 백목련)
우수(雨水) 2월 18~19일	유채(菜風) 행화(杏花, 살구) 이화(李花, 자두꽃)
경칩(驚蟄) 3월 5~6일	도화(桃花, 복사꽃) 당리(棠梨, 팥배나무) 장미(薔薇)
춘분(春分) 3월 20~21일	해당(海棠, 중국 꽃사과) 이화(梨花, 배꽃) 목련
청명(淸明) 4월 5~6일	동화(桐花, 오동나무) 맥화(麥花, 밀꽃) 유화(柳花, 버들개지)
곡우(穀雨) 4월 20~21일	모란(牡丹) 도미(酴醾, 찔레꽃) 연화(楝花, 멀구슬나무꽃)

참고문헌

박상진 『나무탐독』 샘터, 2015

『청와대의 나무들』 눌와, 2022

『우리 나무 이름 사전』 눌와, 2019

『궁궐의 우리 나무』 눌와, 2019

『우리 나무의 세계』 1·2 김영사, 2017

『우리 문화재 나무 답사기』 왕의 서재, 2019

이유미 『우리 나무 백가지』 현암사, 2015

임경빈 『이야기가 있는 나무백과』 1·2·3 이경준 박상진 편, 서울대학교출판
문화원, 2019

유몽인 최익현 외 『조선 선비의 산수기행』 전송열 허경진 옮김,
돌베개, 2016

김억두 『한국 신화를 찾아 떠나는 여행』 지식지음사, 2021

서대석 『한국의 신화』 집문당, 2021

김화경 『한국의 여신들; 페미니즘의 신화적 근원』 성균관대학교 출판부,
2021

윤후명 『꽃, 윤후명의 식물 이야기』 문학동네, 2003

강희안 『양화소록』 이병훈 옮김, 을유문화사, 2000

유박 『화암수록』 정민 외 공역, 태학사, 2019

문일평 『꽃밭 속의 생각』 정민 옮김, 태학사, 2005

박종기 『고려사의 재발견』 휴머니스트, 2015

박영규 『한권으로 읽는 고려왕조 실록』 웅진지식하우스, 2004

사회과학원 고전연구실 『北譯 고려사』 신서원, 1992

김무열 외 『한국 식물 이름의 유래, 「조선식물향명집」 주해서』
심플라이프, 2021

이재능 『백두산의 야생화』혜진미디어, 2019

김부식 『삼국사기』상·하 이병도 역주, 을유문화사, 2014

일연 『삼국유사』이민수 옮김, 을유문화사, 2014

성백효 역주 「논어집주」전통문화 연구회, 2017

장주 『장자』김달진 역해, 고려원, 1980

사마천 『사기열전』김원중 옮김, 을유문화사, 2022

전영우 『우리 소나무; 우리 삶과 역사 속에…』현암사, 2020

정학유 『시명다식』허경진 외 옮김, 한길사, 2007

서유구 『임원경제지(林園經濟志)』「만학지」박순철 외 역주, 소와당, 2010

정약용 『아언각비(雅言覺非)』김동권 역주, 일지사, 2021

양종국 『역사학자가 본 꽃과 나무』새문사, 2016

　　　　『인문학자의 꽃방』공주대학교출판부, 2017

서호석 조현제 외 「민족의 얼이 서린 숲과 나무」

　　　　　　　　한국산지보전협회, 2006

이권수 『울릉국화』울릉도 들꽃 자료집, 2015

경상북도 『경북의 보호수』(사)한국지역인문자원연구소 편, 2021

　　　　『산과 숲, 나무에 얽힌 고향이야기』경상북도, 2004

이상희 『꽃으로 보는 한국문화』1·2·3 넥서스, 2004

　　　　『매화』넥서스, 2002

정재훈 『한국 전통의 원』조경, 1996

이일하 『이일하 교수의 식물학 산책』궁리출판, 2022

황경택 『자연의 시간』가지출판사, 2021

크리스티나 헤리슨 외 지음 『세상을 바꾼 경이로운 나무들』

　　　　　　　　김경비 옮김, 사람의 무늬, 2020

케빈 홉스 외 『나무 이야기, 나무는 어떻게 우리의 삶을 바꾸었는가』김효정

　　　　옮김, 한스미디어, 2020

정동주 『늘 푸른 소나무, 한국인의 심성과 소나무』한길사, 2014

한국지역인문자원연구소 편 『소나무인문사전』 휴먼북스, 2016

유홍준 『추사 김정희 숭산심해(嵩山海深)』 창비, 2018

왕수이자오 『소동파 평전』 조규백 옮김, 돌베개, 2013

이중톈 『제국의 슬픔』 강경미 옮김, 라의눈, 2015

피터 볼레벤 『나무 다시보기를 권함』 강영옥 옮김, 더숲, 2019
   『나무의 긴 숨결, 나무와 기후변화 그리고…』 이미옥 역,
   에코리브르, 2022

스티븐 해리스 『세계를 정복한 식물들』 장진영 역, 돌배나무,
   2020

홍회창 『이규보의 화원을 가다』 책과나무, 2020

정수진 『식물의 이름이 알려주는 것』 다른, 2020

녹색사업단 『우리 숲 큰 나무』 2012

윌리엄 C. 버거 『꽃은 어떻게 세상을 바꾸었을까?』 채수문 역,
   바이북스, 2022

허태임 『나의 초록목록』 김영사, 2022

조너선 드로리 『나무의 세계』 조은영 옮김, 시공사, 2020

요한 볼프강 폰 괴테 『괴테의 식물 변형론』 이선 옮김, 이유출판,
   2023

김원학 임경수 손창환 『독을 품은 식물 이야기』 문학동네, 2014

강판권 『미술관에 사는 나무들』 효형출판, 2011
   『회화나무와 선비문화』 문학동네, 2016
   『나무예찬』 지식프레임, 2017
   『역사와 문화로 읽는 나무사전』 글항아리, 2010

남효창 『나무와 숲』 한길사, 2020

경북산림과학박물관 『경상북도 유산기(慶尙北道 遊山記)』
   경북산림자원개발원, 2015

김립 『방랑 시인 김삿갓 시집』 이명우 엮음, 집문당, 2020

유희   『물명고(物名攷) 물보(物譜)』경문사, 1980

이혜순 외 『조선 중기의 유산기 문학』집문당, 1997

유몽인 외 『조선 선비의 산수 기행』돌베개, 2016

장지성 『한국의 화훼영모화』안그라픽스, 2020

성종상 『인생정원: 산. 들. 나무. 꽃. 위인들이 찾는 지혜의 공간』스노우폭스
      북스, 2023

인터넷 검색 자료

한국고전종합DB   https://db.itkc.or.kr

국가생물종지식정보시스템   http://www.nature.go.kr

가톨릭인터넷goodnews   https://www.catholic.or.kr

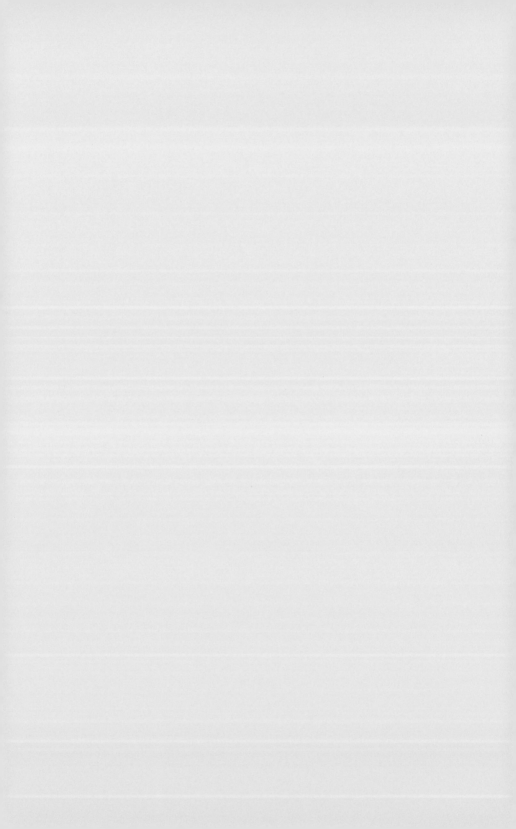